＼億り人が教えます!／

新NISAで儲けるための株の買い方、売り方

中野晴啓
山本潤
桶井道
ごはん
さとりん
トミィ
とりでみなみ
ゆう
Akito
www9945

宝島社

億り人が教えます！ 新NISAで儲けるための株の買い方、売り方

CONTENTS

第1章

第2章

編集◎宮下雅子

カバーデザイン◎渡邊民人

本文デザイン◎小沢 茴

DTP◎ad-crew

編集協力◎とりでみなみ、大西洋平、日野秀規、高水 茂、味岡啓二

写真撮影◎菅野 豊

第1章

これだけ押さえておけば十分！

新NISAのポイント

3分でわかる新NISA

「そもそも新NISAって何?」「何が新しくなって、何がお得なの?」という人のために、新NISAのポイントを3分で理解できるよう、ざっくり解説。

投資で得た利益に税金がかからない

NISA(新NISA)は、「国民がもっと積極的に資産形成をするように」ということで国が設けた税制の優遇制度です。株式や投資信託などに投資して得た利益には、約20%の税金がかかりますが、NISAの口座を利用して得られた利益は非課税になります。つまり、税金がかからなくなるのです。

例えば左ページの図のように、株式や投資信託に投資して30万円の利益が出たとします。これが課税口座といわれる一般的な証券取引の口座では、約20%の税金がかかるので、約6万円が税金として引かれ、得られる利益は約24万円になってしまいます。しかしNISA口座を使

新NISAのメリットはこれ！

株式や投資信託などで資産運用をして利益が出た場合、従来の課税口座では利益に対して約20%の税金がかかりましたが、NISAの口座なら税金がかかりません。

株式や投信で30万円の利益が出た場合

課税口座
（特定口座・一般口座）

約20%の
税金がかかる

税金　約6万円

受け取れる利益
約24万円

NISA口座

税金がかからないから
利益を全額
受け取れる

受け取れる利益
30万円

30万円の利益から 約6万円 の税金が非課税になる！

うと税金がかからないので、30万円の利益をまるまる受け取れます。税金で約6万円を引かれるかどうかという違いは、非常に大きいでしょう。すでに株式や投資信託で投資を行っている人も、これから始めようという人も、このお得なNISA制度を利用しない手はありません。

NISA制度自体は2014年から始まっていますが、この制度がなぜ今注目されているのかというと、2024年から、制度の内容が大きく変わったからです。例えば、今までは非課税で保有できる投資期間が限られていましたが、新しい制度では保有できる期間が無期限になりました。また、非課税で投資できる限度額も大きく引き上げられました。

非課税期間が限られていると、その期限が近づいたときには、もっと利益が出そうな場合でも売らなければなりません。その期限以降に得た利益には税金がかかるからです。しかし、新しいNISA制度ではそういう心配もいりません。例えば、20年~30年という長い期間、コツコツお金を積み上げながら投資をして利益を上げていっても、限度額までの投資額から得た利益に対しては、恒久的に税金がかからなくなるからです。

その限度額も1800万円と、従来の制度より大幅に引き上げられました。例えば、20年かけて1800万円を2倍の3600万円にした場合でも、利益分の1800万円には税金がかからなくなります。もしNISA制度を使わなければ、360万円が税金として引かれるわけですから、この違いはとても大きいです。その意味では、NISA制度は時間をかけて少しずつ投資額を増やしながらコツコツ投資して利益を増やす積立投資に向いた制度といえます。

2024年から始まった新NISAの内容

対象者	**日本に住んでいる18歳以上の人** （口座を開設する年の1月1日時点）	
口座開設期間	**いつでも可** （2023年中に開設すれば、手続きなしで自動継続）	
非課税保有期間	**無制限**	
制度の併用	NISA制度内で２つの枠を併用可能 **つみたて投資枠**	**成長投資枠**
投資対象商品	**積立・分散投資に適した一定の投資信託**	**上場株式・投資信託など** （高レバレッジ型および毎月分配型の投資信託などを除く）
買付方法	**積立投資のみ**	**通常の買付・積立投資**
年間投資枠	**120万円**	**240万円**
非課税保有限度額	2023年までのNISAとは別枠 **1800万円（生涯投資枠）** ※売却すると投資枠は翌年以降、再利用可能	**1200万円（内数）**
売却可能時期	**いつでも可能**	

（注）NISA口座は1つの証券会社でしか使えません

老後「2000万円問題」の不安をNISAで解消！

「老後資金2000万円問題」という言葉をご存じの人も多いと思います。これは2019年に金融庁の審議会がまとめた報告書の内容が報道され、話題となったものです。この報告書によれば、高齢夫婦の無職世帯の平均で、老後の家計が毎月5万円強の赤字となります。この赤字が20年続くと累計で約1300万円、2030年度は約2000万円の取り崩しが必要になるため、公的資金以外に2000万円の貯金がなければ老後の生活が危ないというわけです。

金融庁自らが危機感を煽るような記事として話題になりましたが、実際、公的年金だけでは老後が心配だという人は少なくないと思います。その不安を解消し、実際の老後の生活で苦労しないためには、早いうちから自分で資産を形成していく必要があるのです。

その意味でもNISAという制度は注目されています。特に20～30代くらいの若い人であれば、長期に投資していく時間的余裕があります。まだ収入が少なく少額の積み立てでも、長期の投資であれば、左図のように「複利」の効果を生かすことができます。

複利というのは、月々あるいは年間で得た利益を、さらに投資に回していく方法です。それに対して、毎月あるいは毎年決まった金額だけを積み立てて利益を出していく方法を「単利」といいます。複利のほうが利益を再投資するぶん、投資額が大きくなっていくので、利益率が同じであれば、単利のときよりも得られる利益は大きくなっていきます。

40代から始めても「老後2000万円問題」を解決！

47歳から月々10万円の積み立てで60歳までに2000万円

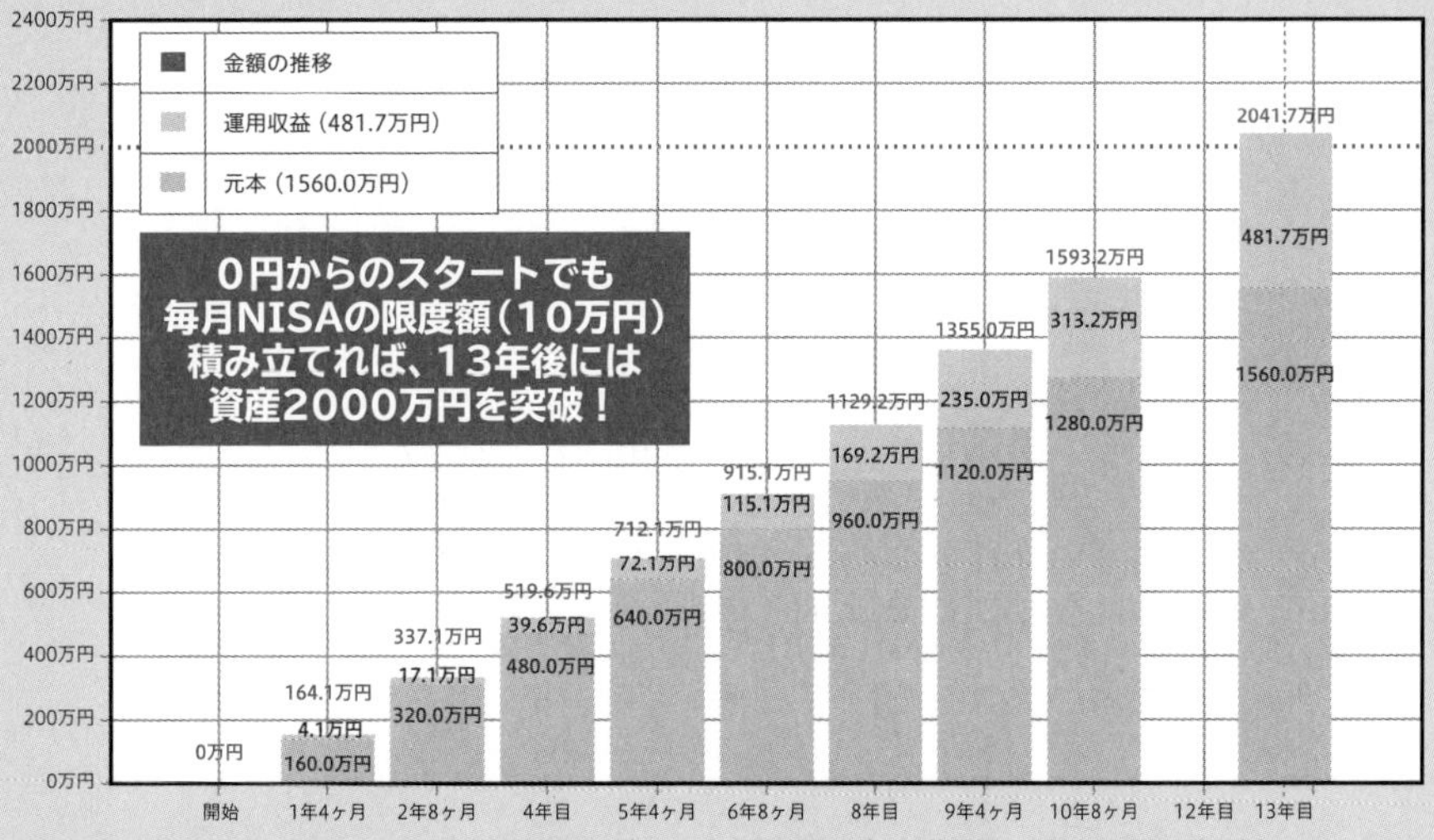

出典：金融庁「資産運用シミュレーション」（想定利回り＝年率4%、年1回の複利計算。計算結果は小数点以下を四捨五入）

効率よく資産を増やす「複利」の効果

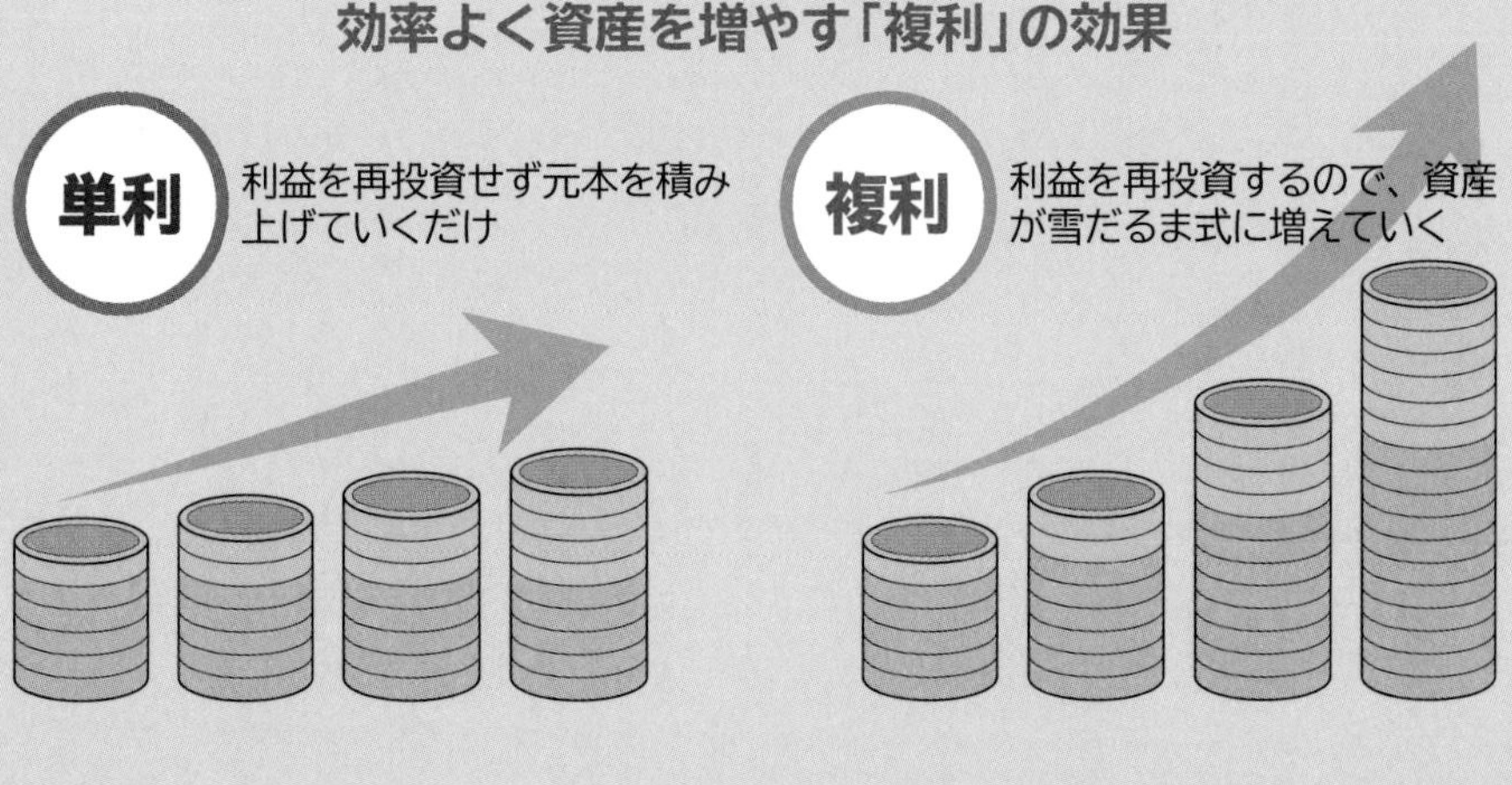

40～50代でも遅くはない！

では、ＮＩＳＡは40～50代くらいの世代にはもう関係ないのかというと、そんなことはありません。例えば、年４％の利益を出す投資信託を月々10万円の積み立てで買い増していく方法で、複利で運用します。するとあくまでもシミュレーションですが、13ページの上図のように、13年後には資金を２０００万円に増やすことができます。この方法であれば、47歳から積立投資を始めれば60歳の定年までに２０００万円を貯められます。

また、40～50代では、住宅ローンを完済したり、子どもが独立したりして、投資に回せる資金に余裕がある世帯も多いと思いますので、短期間でも効率良く資産を増やすことができます。

投資とか資産運用という言葉を聞くと、失敗してお金を減らすのが怖いと考える人もいるかと思います。しかし銀行にお金を預けていても、定期預金で年０・01％程度の金利ですから、何十年貯金してもお金はほとんど増えません。しかも今後は公的年金も当てにならない時代がやってくるわけですから、積極的に資産運用を行わないことで生じるリスクもあるわけです。

新ＮＩＳＡ制度は、今まで資産運用を行ってこなかった人にとっても良いきっかけになると思います。しかもこのＮＩＳＡを始めるのに特別複雑な手続きは必要なく、金融機関にＮＩＳＡの口座を開設してお金を入金し、取引を始めるだけです。もちろん、そこから得た利益は非課税になります。

口座を開設すれば すぐにNISAで取引ができる！

ネット証券でNISA口座を開き、取引を始める場合

NISA口座を開設

すでに口座を持っている人は新たにNISA口座を開設し、
これから証券会社に口座を開設する人は
証券総合口座を開設する際、一緒にNISA口座も
開設するよう手続きする

本人確認書類
（マイナンバーカード、
免許証など）が必要

NISA口座開設完了

NISA口座に入金して取引開始

税務署で二重口座でないかを確認（※）

仮に二重口座だった場合は、NISA口座で買い付け済の商品を
買付日に遡って一般口座に移し替えられる

（※）NISA口座は複数の証券会社で開設できないため、税務署への確認が必要。税務署への確認は、証券会社が行ってくれるケースが多い。まずは仮口座を開設して取引を開始し、証券会社で税務署への確認が取れたら本口座を開設するという流れが一般的（金融機関により異なる場合もある）

長期で増やしたい人は「つみたて投資枠」

新NISAには「つみたて投資枠」と「成長投資枠」の2種類の枠があります。そのうち長期で確実に資産を増やしたい人に向いているのが「つみたて投資枠」です。

一定の投資信託のみが購入できる「つみたて投資枠」

「つみたて投資枠」は、文字通り「つみたて投資」のみを対象とした枠で、対象とする商品は、積み立てや分散投資に適した一定の投資信託になります。「一定の」というのは、金融庁が定めた投資信託（ファンド）のことです（具体的な商品は、本書巻末のリストを参照）。

「つみたて投資枠」の限度額は、年間で120万円。月々10万円積み立てて12カ月という計算で、キリの良い数字になりました。そして生涯の投資枠は1800万円です。毎年120万円ずつ投資を続けた場合、15年間この投資枠を使うことができます。

しかも旧NISAと違って新NISAにおける投資枠は、例えば、今年120万円投資した

新NISA「つみたて投資枠」の特徴

買えるのは投資信託（ファンド）のみ

（ETF＝上場投資信託も含む）

投資信託・ETF

国　内	海　外
株式 債券 REIT	株式 債券 REIT

積み立て・
分散投資に
適した一定の
投資信託
（2023年までの
「つみたてNISA」と
同じ）

年間に投資できる限度額は120万円

（生涯投資枠1800万円）

例えば毎月10万円を12カ月（1年間）積み立てると

10万円 × 12カ月（1年間） ＝ 120万円（年間投資枠）

これを15年間続けると

1800万円（生涯投資枠）

- ただし売却すれば、投資枠は翌年以降に再利用できる
- 「つみたて投資枠」で1800万円すべての枠を使い切ったら、「成長投資枠」は使えない

として、年内にその120万円と、そこから得た利益をすべて売却すれば、翌年からその枠を再利用できます。したがって、この「つみたて投資枠」は、長期にコツコツ積み立てて資産を増やしていくのに向いており、若い世代でまだ投資資金に余裕がないという人が少額で少しずつ資産を運用していくのに、お勧めの投資枠です。

長期の運用には、メリットがたくさんあります。左図はその1つです。

投資信託の中にはインデックスファンドというものがあります。これは日本の日経平均株価やアメリカのS&P500など、代表的な株価指標の値動きに合わせて資産を運用する投資信託です。図でいうと、全世界の株価に連動するファンド（MSCIオール・カントリー）や、日経平均に連動するファンドがそれに当たります。

2003年から2022年までに、毎月1万円ずつ積み立てをしていくと、積み立てた金額（元本）は240万円になります。一方、日経平均株価に連動するファンドに投資した場合は443万円、全世界に連動するファンドに投資した場合は690万円になりました。これは先述したように、長期間、複利で運用していった結果です。特別に投資の知識や技術なども必要なく、最初に全世界に投資するファンドを選んだら、そこに毎月1万円ずつ投資していくだけで、資産は3倍近くまで増えたという結果になっているのです。長期投資のメリットは、このグラフを見るだけでもわかるかと思います。

長期の積み立て投資が若い人や、投資初心者にも向いているという理由はもう1つあります。

長期で運用するほど資産は増えていく

長期・積立・分散投資のシミュレーション

2003年1月～2022年12月の毎月末に主な株式指数に1万円の積立投資をした場合

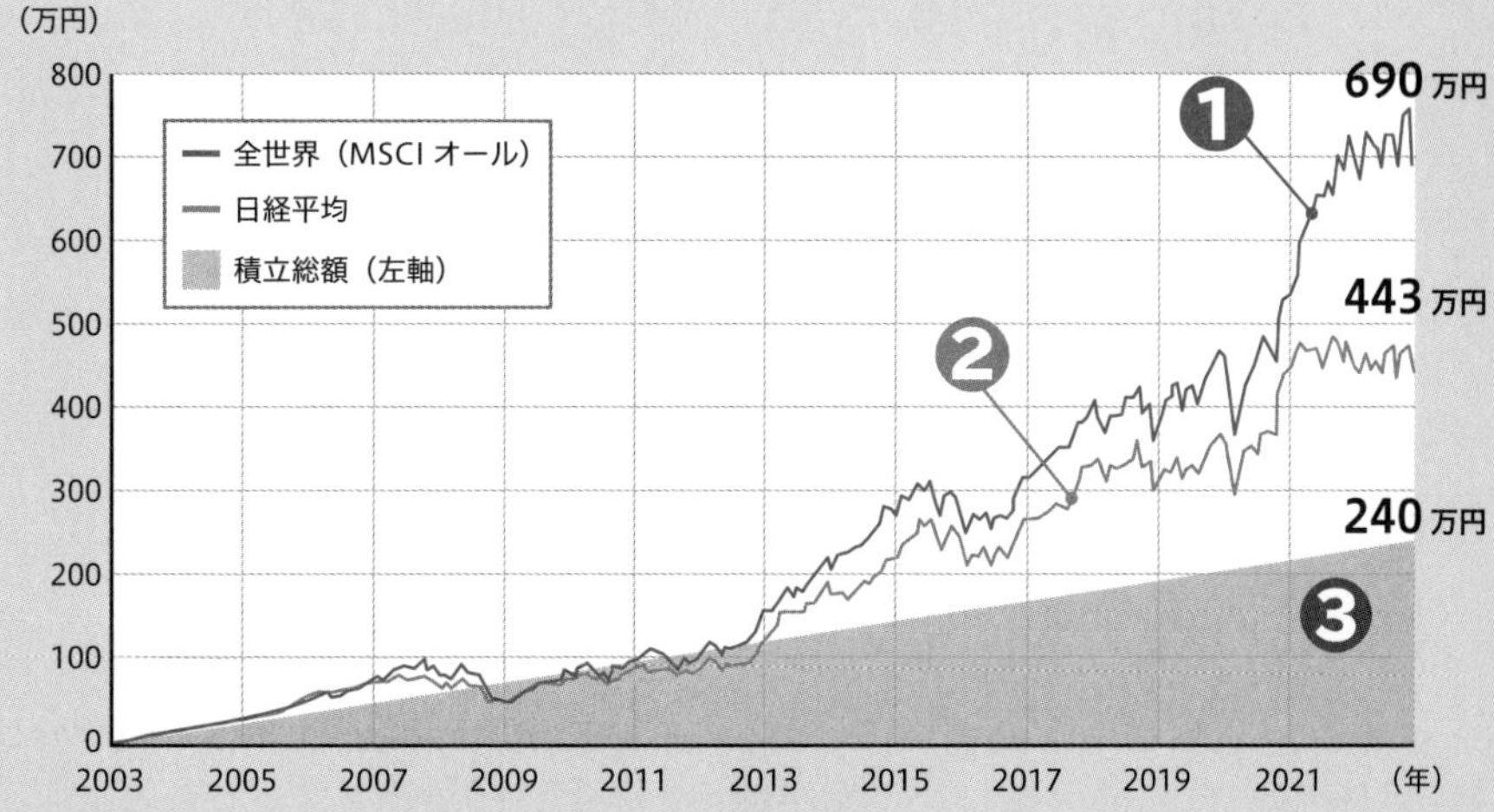

出典：金融庁「はじめてみようNISA早わかりガイドブック」を元に編集部で作成

20年後の資産

❶ 全世界（MSCIオール・カントリー）に連動するファンドなどに投資した場合 ➡ **690**万円

❷ 日経平均株価に連動するファンドなどに投資した場合 ➡ **443**万円

❸ 元本をそのまま積み上げていった場合 ➡ **240**万円

全世界の株式や日経平均に連動するファンドで長期に積み立てるだけで大きく増える！

株式や投資信託で利益を出す場合、その原則は「安く買って高く売る」ということです。しかし、投資の経験の浅い人がへたに自分の判断で売買をしてしまうと、値段が高いときに買ってしまい、値段が下がったところで慌てて売って、逆に損をしてしまうというパターンが往々にしてあります。そういう初心者でも、あれこれ考えず機械的に毎月積み立てていくだけで、長期的には利益を出せるということを、過去の実績が物語っているのです。それは日本や世界の株価が短期的には値上がりや値下がりを繰り返しながら、長期的には右肩上がりに伸びているからです。つまり、それらの株価に連動するファンドを買っておけば、自動的に値段が上がっていくというわけです。

これに加えて、左図にあるようなドルコスト平均法を使うことで、長期投資で利益を積み上げる確率はさらに高くなっていきます。ドルコスト平均法というのは、一度にたくさんの金融商品を買うのではなく、少しずつ、毎回同じ金額分だけ購入していく方法です。毎月同じ金額で購入していった場合、値段が安いときにはたくさん買えて、値段が高いときには少ししか買わないことになります。つまり値段が高いものを、高いお金を出してたくさん買う必要がなくなるわけです。これを繰り返していくと、長期で見た場合、一度にたくさんの商品を購入したときよりも、このドルコスト平均法で、一定金額で少しずつ購入していった場合のほうが、同じ金額を払った場合でも、買った商品の数は多くなります。つまり、購入した平均単価が安くなるということです。

「高値掴み」を防ぎ、できるだけ安く買う

安く買って高く売りたいのに……

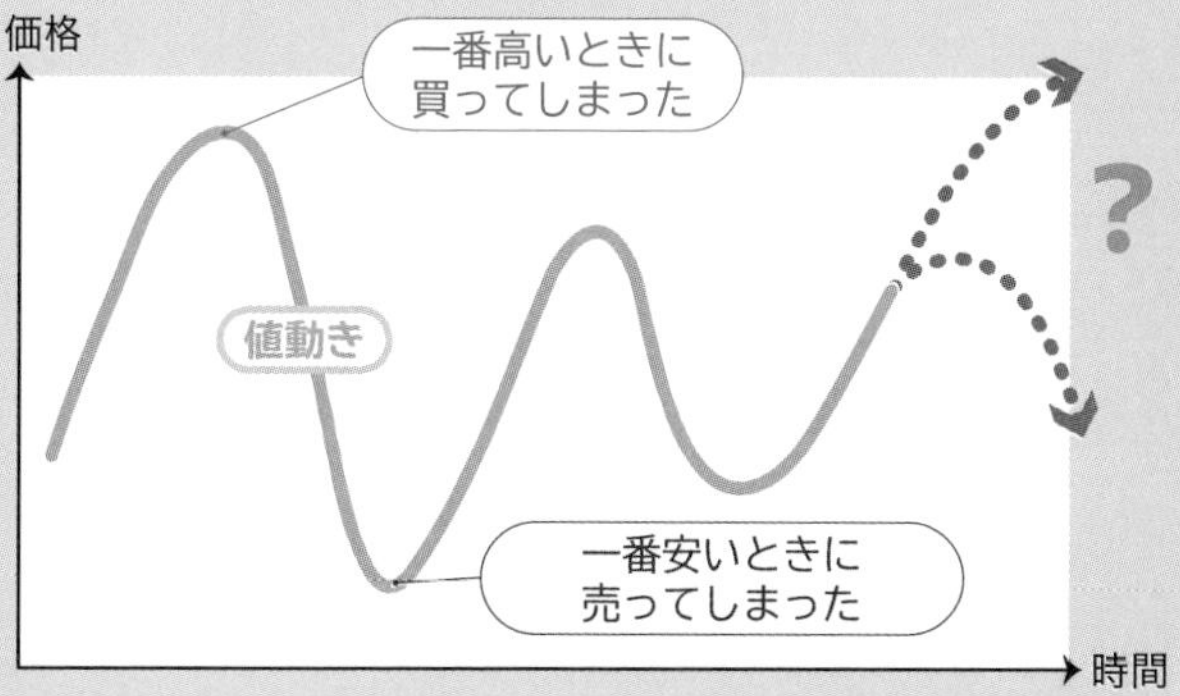

利益を最大化させるためには一番安いところで買って一番高いところで売ること。しかし投資初心者などは、高いところで買ってしまい（高値掴み）、値下がりを恐れて（その後また価格が上がるかもしれないのに）安いところで売ってしまい、結果的に損をしてしまうこともある。

ドルコスト平均法を使えば……

例えば、合計4万円分、投資信託を購入する場合

この例では毎月１万円ずつ購入していた場合のほうが、平均購入単価を安くすることができた

	１カ月目	２カ月目	３カ月目	４カ月目		
投資信託の基準価額の推移（１万口当り）	１万円	２万円	５千円	１万円		
最初に４万円分購入した場合	４万円 / ４万口	―	―	―	購入総額 ４万円 / 購入口数 ４万口	平均購入単価（１万口当り） １万円
毎月１万円ずつ購入した場合	１万円 / １万口	１万円 / ５千口	１万円 / ２万口	１万円 / １万口	購入総額 ４万円 / 購入口数 4.5万口	平均購入単価（１万口当り） 約９千円

基準価額が高いときは少なく購入

基準価額が低いときは多く購入

「一定金額」で「定期的に」購入する方法を「ドルコスト平均法」といいます。価格が高いときには少なく、価格が低いときには多く購入できるので、購入単価が平準化されます。

出典：金融庁「はじめてみようNISA早わかりガイドブック」を元に編集部で作成

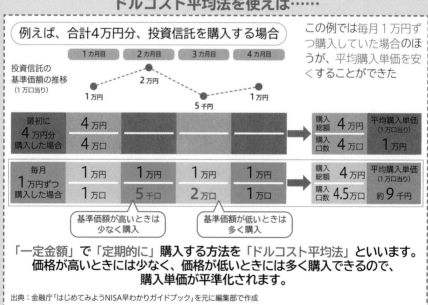

自動的に分散投資ができる投資信託（ファンド）

次に投資信託について説明します。投資信託とは「ファンド」ともいいます。その仕組みは、投資家から集めたお金をまとめて、それを運用のプロであるファンドマネジャーが、株式や債券など、いろいろな金融商品に投資して運用するものです。運用によって儲かった利益は、投資家が投資した額に応じて分配されます。

投資信託にはさまざまなメリットがあります。株式などを買う場合にはある程度まとまったお金が必要です。特に日本の株式の場合は、単位株といって、通常100株単位でその銘柄を購入することになりますので、例えば、株価が1000円の株を買うためには、その100倍の10万円を払わなければいけません。一方、投資信託の場合は1万円程度から買えますし、積み立ての場合は100円から始められる商品もあります。

また、投資信託は、株式や債券などの資産に投資する商品なので、その投信自体を買うことで、自動的に分散投資ができます。個人投資家が1人で複数の商品に分散投資する場合はたくさんの資金が必要になりますが、投資信託の場合は複数の投資家から資金を集めて1つの大きな資金として運用しますので、少額での分散投資が可能になるのです。

新NISAの「つみたて投資枠」では、金融庁が選定した261本の投資信託（巻末のリストを参照）が購入できます（2023年11月22日現在）。

投資信託のしくみ

投資家から集めたお金を、運用のプロが分散投資

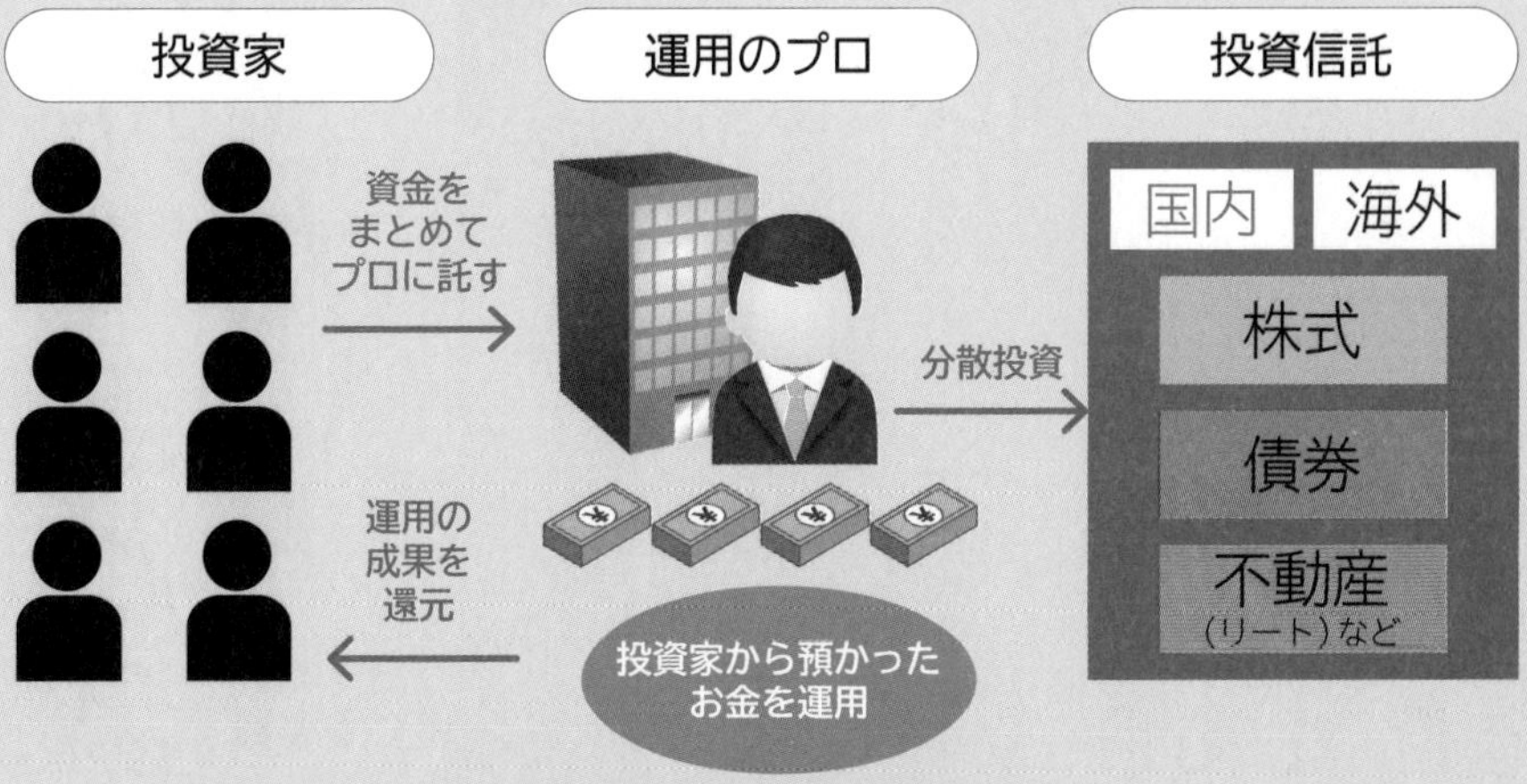

少額からでも投資でき、ポイントも使える

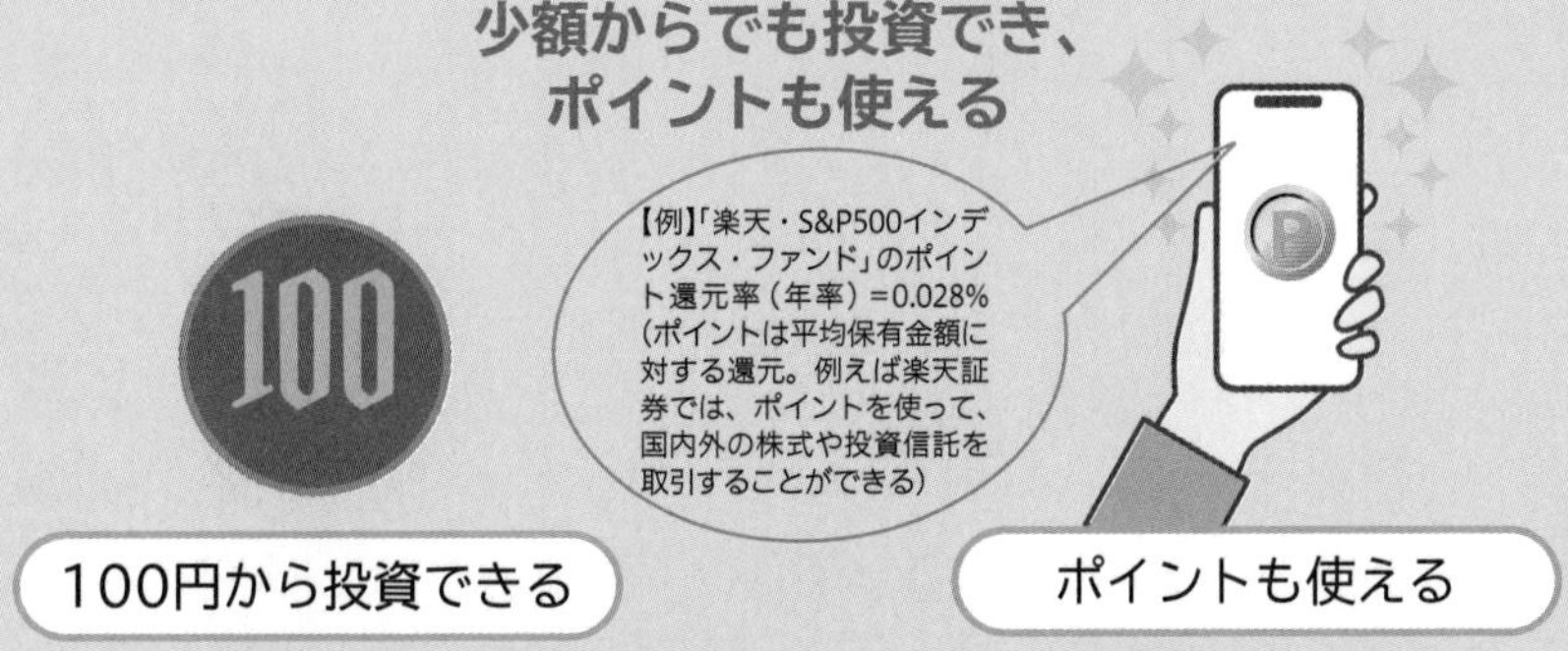

※金融機関によっては、最低売買金額が100円でないところや、ポイントが使えないところもあります

投資信託の商品がたくさんある

つみたてNISAの対象となる投資信託（金融庁が選定） → **261**本（2023年11月22日現在）

短期でまとまった資金を稼ぎたい人は「成長投資枠」

長期で投資をする余裕がない人や、ある程度資産の準備はあるが、老後の安心のため、もう少しまとまった資産を増やしておきたいという人向けの枠が「成長投資枠」。

短期で大きな利益を狙いたいという人向けの枠

新ＮＩＳＡの「成長投資枠」は、「つみたて投資枠」のような商品の制限が少なく、投資信託やＥＴＦ（上場投資信託）のほかに、上場株式や不動産投資信託（ＲＥＩＴ）なども購入できます（投資信託１７９３銘柄、ＥＴＦ、ＲＥＩＴなど２８１銘柄／２０２３年12月1日現在）。

成長投資枠で年間に投資できる限度額は２４０万円と、「つみたて投資枠」の2倍になります。ただし、成長投資枠のみで生涯投資できる枠は１２００万円です。限度額一杯の２４０万円で毎年投資した場合は、５年間で生涯投資枠が一杯になります（「つみたて投資枠」同様、再利用は可能）。成長投資枠は、比較的短期間で大きな利益を上げたいという人に向いた枠といえ

新NISA「成長投資枠」の特徴

投資信託（ファンド）・ETFのほかに上場株式も買える

投資信託・ETF

国内	海外
株式 債券 REIT	株式 債券 REIT

ソニー、ホンダ、トヨタ、ファーストリテイリング（ユニクロ）など上場企業の株式

ただし整理・管理銘柄（倒産の危険性がある会社の株など）や
信託期間20年未満、高レバレッジ型や毎月分配型のファンド、ETFなどは除外

年間に投資できる限度額は240万円（生涯投資枠1200万円）

例えば毎月20万円を12カ月（1年間）積み立てると

20万円 × 12カ月（1年間） ＝ 240万円（年間投資枠）

これを5年間続けると

1200万円（生涯投資枠）

- ただし売却すれば、投資枠は翌年以降に再利用できる
- 「成長投資枠」の限度額は1200万円だが生涯投資枠は1800万円なので、残り600万円は「つみたて投資枠」で使える

ます。

ただし、仮に「成長投資枠」重視で投資をしたいという人の場合でも、生涯で投資できる限度額は1200万円です。新NISA全体の生涯投資枠（1800万円）を使い切るためには600万円余ります。その600万円はせっかくなので、「つみたて投資枠」で活用するのが良いでしょう。一般的な両枠の使い分けは、「成長投資枠」で多少リスクが高くても高いリターンが期待できるアクティブファンドや株式、ETFなどを購入し、「つみたて投資枠」はリスクが低く、しかし安定的に資産を積み上げることのできるインデックスファンドを購入します。

また、成長投資枠の場合は、「つみたて投資枠」では買えない上場株式が買えるところもポイントです。株式の利益には、インカムゲイン（配当等の利益）と、値上がり益で稼ぐキャピタルゲインの2種類があります。先にキャピタルゲインについて説明すると、株式の中には、今後、会社が成長して株価が上がりそうな成長株や、業績が良いのに市場で安値で放置され、今後株価上昇が期待できるバリュー株（割安株）などがあります。成長株やバリュー株を狙っていくためには、やはりある程度の知識や経験が必要となります。

一方、インカムゲインの場合は、株価の値上がり・値下がりに関係なく、企業が一定の金額を株主に配分しますので、株価の上下動などに左右される心配もそれほどありません。特に配当の高い「高配当株」といわれる銘柄や、増配といって配当金額を上げていく、あるいはそれを目標としている企業の株（増配株）などは、配当の利益を高めるうえでも有効です。

■新NISA「成長投資枠」の活用法

❶「つみたて投資枠」で買えないファンドを買う

新NISA

初～中級者向け

成長投資枠

少しリスクが高い
（しかしリターンも
期待できる）、
アクティブファンドなどの
商品を購入

つみたて投資枠

リスクが低い
（しかし多くのリターンは
期待できない）、
インデックスファンドなどの
商品を購入

❷「つみたて投資枠」では買えない株式を買う

上級者向け

キャピタルゲイン

値上がり益で稼ぐ → **成長株　バリュー株など**

値上がり益で稼ぎたい人は、今後会社が成長して株価の上がりそうな成長株や、業績が良いのに市場で安値で放置されており、今後株価上昇が期待できるバリュー株（割安株）を狙う

中級者向け

インカムゲイン

配当で稼ぐ → **高配当株　増配株**

配当で稼ぎたい人は配当の高い高配当株や、毎年増配を続けている（あるいは目標としている）増配株を狙う

新NISAで覚えておきたい必須用語集

これから新NISAで投資を始めようという人も、ある程度投資に関する知識が必要となります。ここでは新NISAを利用するうえで必要最低限の用語を解説します。

専門用語を押さえて投資の勝率を上げる

NISA制度は、国が国民の投資に対する行動を後押しするために作られた制度です。そのため「つみたて投資枠」で購入できる商品を金融庁があらかじめ定めるなど、初心者でも制度を活用しやすくするためのサポートがなされています。ただし、いかに初心者でも、やはり必要最低限押さえておきたい専門用語がいくつかあります。例えば、「リスクとリターン」という意味を知らなければ、ハイリスクな商品に投資して損をしてしまうこともあります。当面はここに出てくる用語を覚えておくだけで十分です。そして投資を続けていく中で、徐々に経験を積みながら、新しい専門用語を加えてより賢く資産を運用していきましょう。

新NISA必須用語集❶

ポートフォリオ

ポートフォリオのもともとの意味は、複数の書類を入れたカバンのこと。ここから転じて資産運用でポートフォリオというときは、株式 A、株式 B、債券 C、リート D など個別の金融商品の組み合わせを指すようになった。複数の商品を集めた投資信託は、それ自体がポートフォリオになっている。

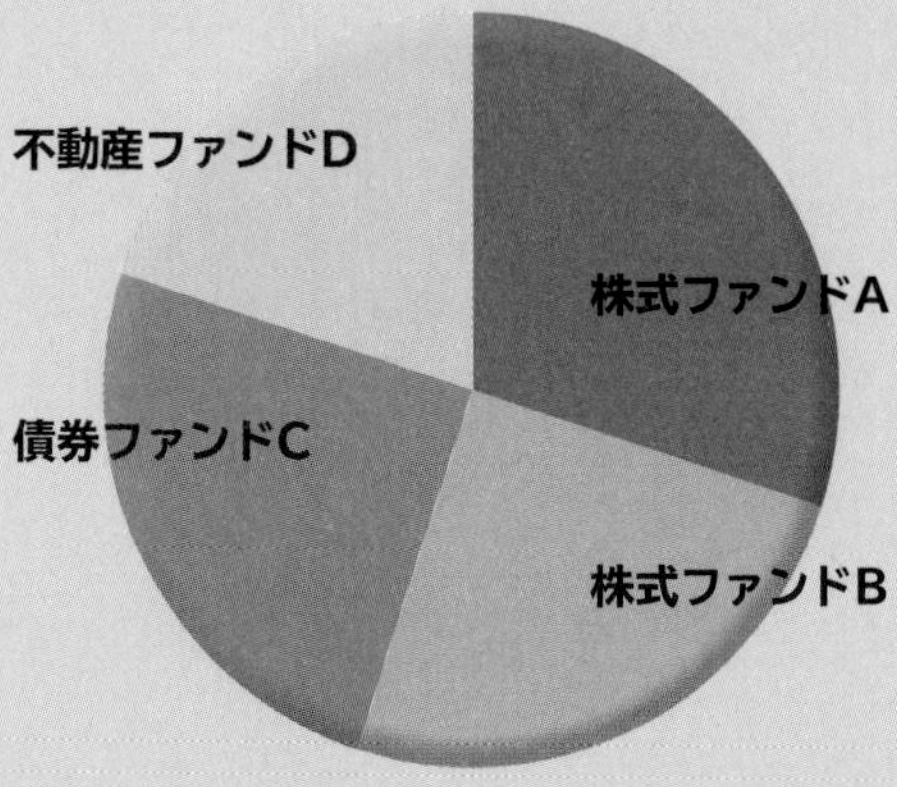

リスクとリターン

株式やファンドなどの金融商品は、高いリターン（成果）を得ようとする場合は、一方で高いリスク（変動幅）も覚悟しなければならない。下図はその一般的なイメージだが、投資信託の場合は組み込まれた商品によってリスクとリターンの比率が変わってくる。

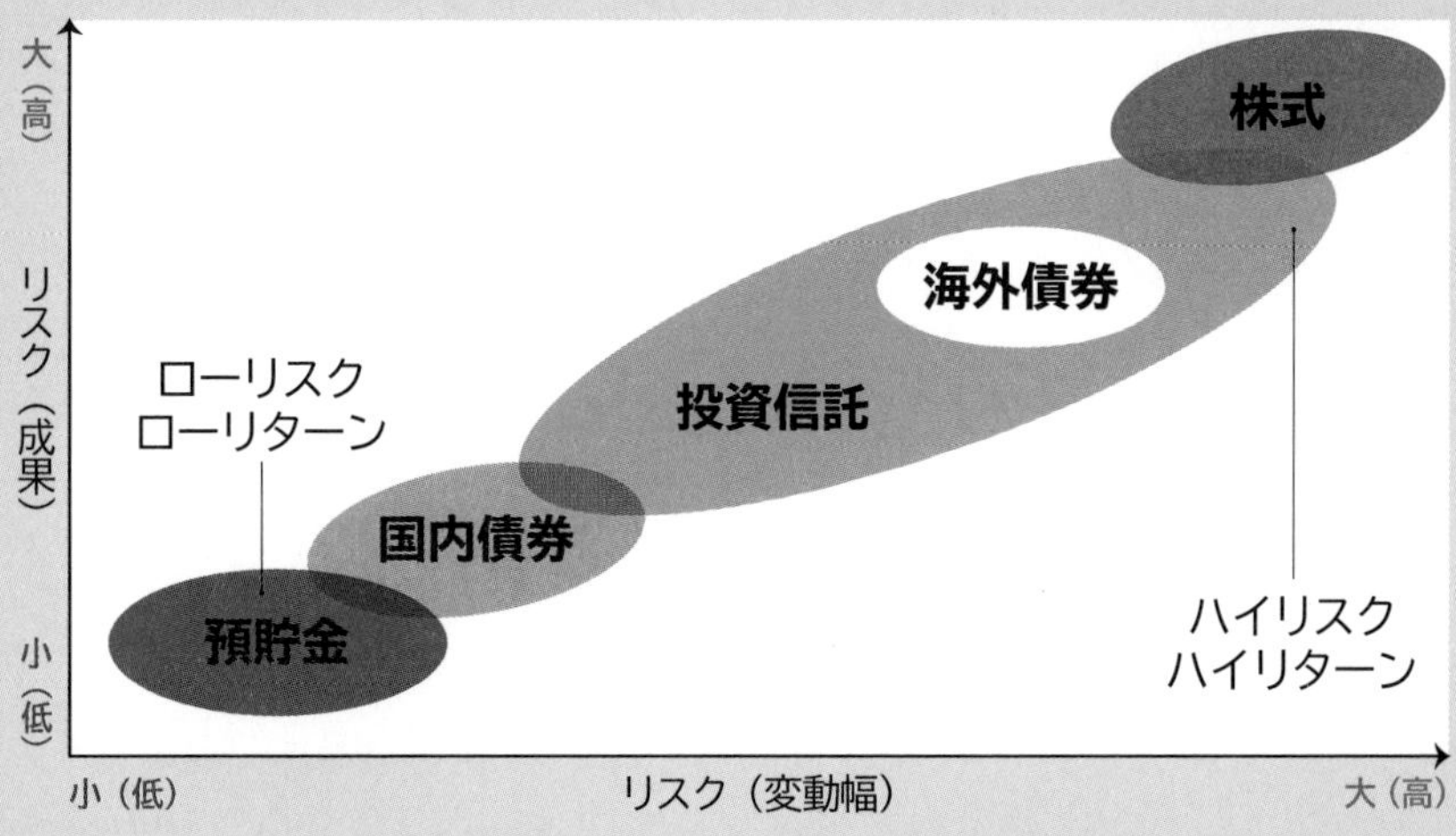

新NISA必須用語集❷

インデックスファンドとアクティブファンド

インデックスファンドとは

インデックスとは市場平均指数のこと。代表的な指数は日経平均株価やTOPIX（東証株価指数)、米国のS&P500などで、インデックスファンドはこれらの代表的な指数に連動するものが多い。価格の変動が少ないことから比較的ローリスクで、情報も得やすいため、初心者でも買いやすい。

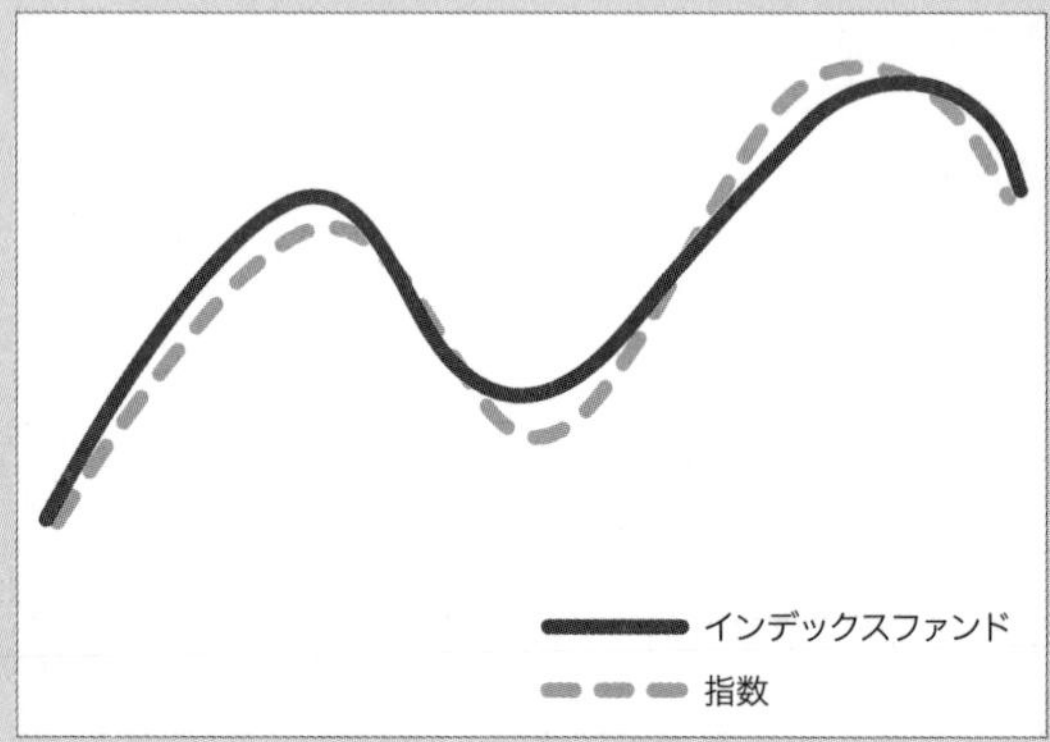

アクティブファンドとは

日経平均株価やS&P500といった株価指数などの指標を上回る利益を目指して運用される投資信託。運用会社のファンドマネジャーが独自のテーマなどに基づいて銘柄を選んで運用するため、人的コストがかかり、そのぶん信託報酬がインデックスファンドに比べてやや高めになっている。

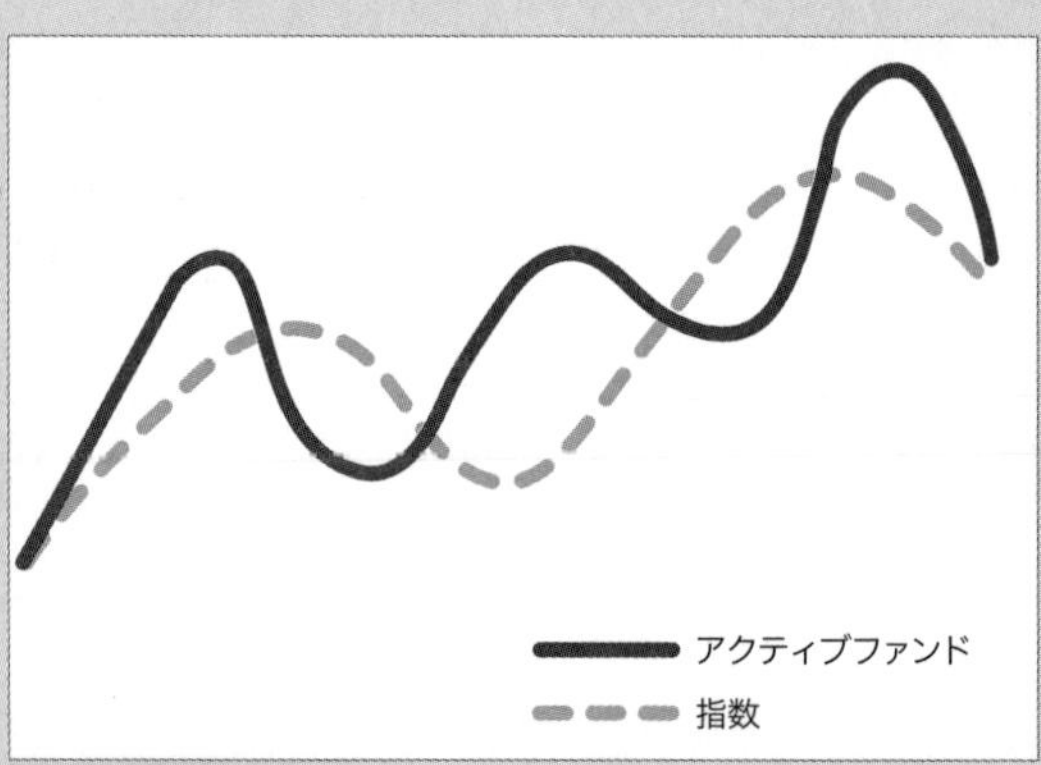

Point 長期で安定的に稼ぎたい人はインデックスファンド、
比較的短期でガッツリ稼ぎたい人はアクティブファンド

新NISA必須用語集❸

長期・分散・積立投資

長期・分散・積立投資の方法

積立投資の原則は「長期・分散・積立」といわれている。「長期」の目安は10年以上、「分散」は1つの金融商品に集中投資するのではなく、株式や債券、投資信託など複数の商品に分けて投資を行うこと。日本だけでなく海外の商品に投資することも「分散」になる。「積立」は、一定期間（毎月など）に、コツコツと積立を続けること。この3要素で複利の効果やリスクの低減など、さまざまなメリットが期待できる投資法。ただし短期で稼ぎたい人や、長期的に投資をする余裕がない人には向かない。

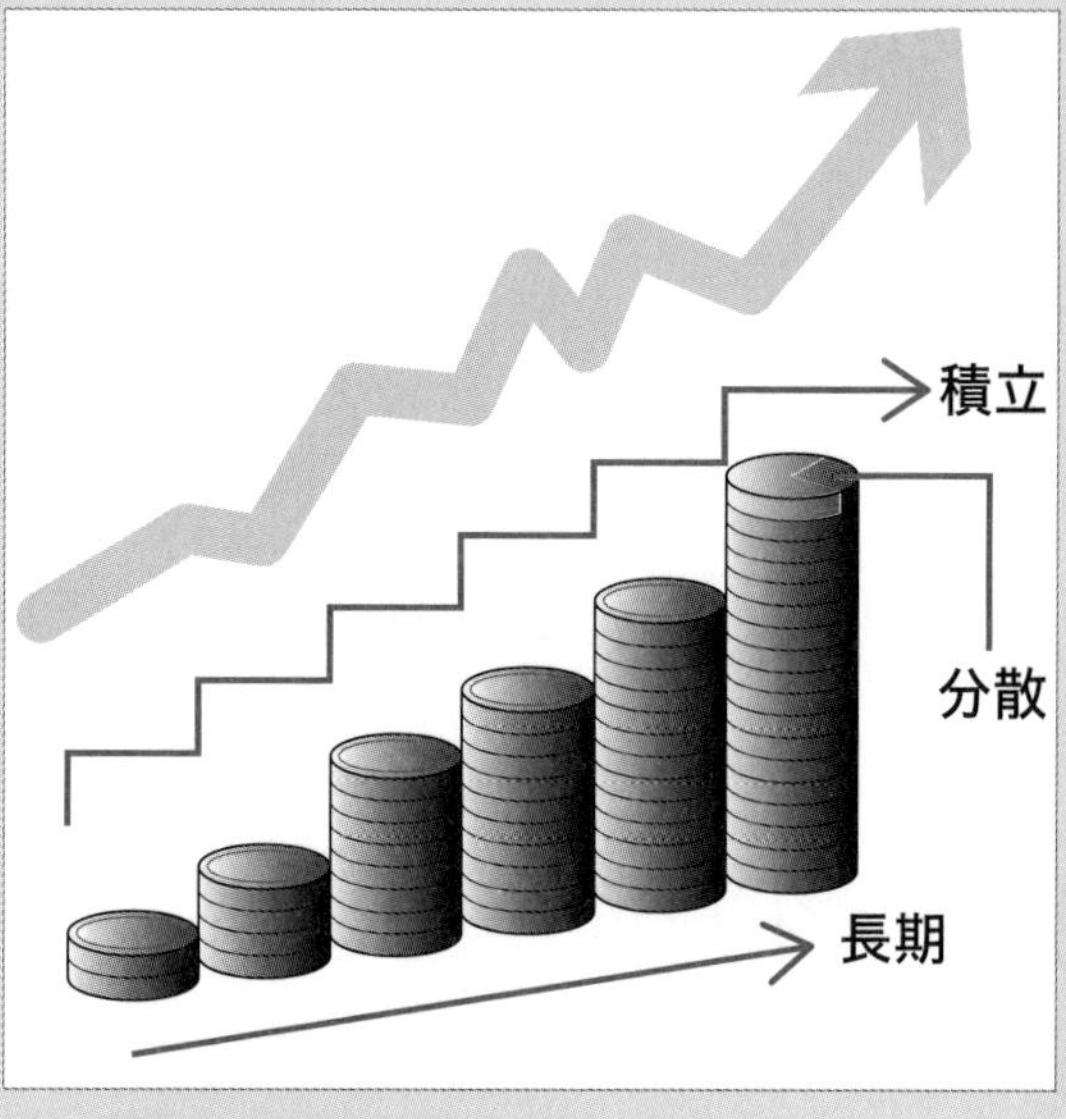

【分散】国内、海外の株式や債券などを

【積立】毎月すこしずつ買って

【長期】長期間かけて安全・確実に資産を増やす

Point　投資初心者や経験の浅い人、特に20～30代の若い人は、長期・分散・積立投資でコツコツ資産を増やしていこう

新NISA必須用語集❹

投資信託にかかる手数料

手数料	内容
販売手数料 (購入手数料)	投資信託を買うとき、販売会社（証券会社や銀行など）に支払う手数料
信託報酬 (運用管理費用)	投資信託を保有している間、その保有額に応じて運用会社などに支払う運用や管理の費用
信託財産留保額 (信託財産留保金)	販売手数料

ノーロード

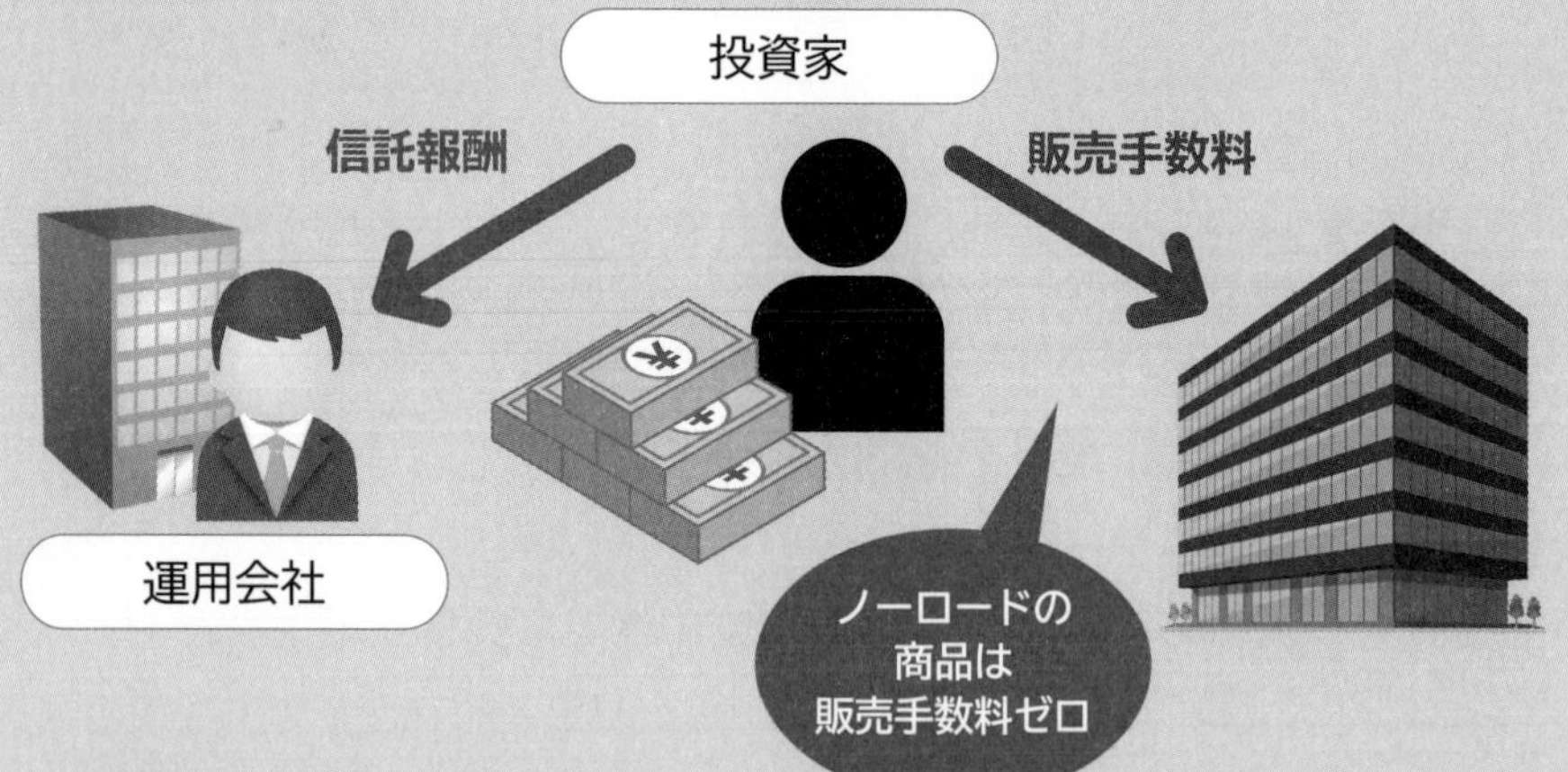

Point 長期で積立投資を行う場合、手数料がバカにならない
そのためノーロード商品を選ぶのが鉄則

新NISA必須用語集❺

配当金と分配金

配当金は企業が得た利益を株主に還元するものです。分配金は投資信託で運用によって得られた収益を決算ごとに投資家に分配するお金のことです。なお、投資信託には分配金を出さずに運用資金に組み込んでいくタイプのものもあります。分配金がある投資信託は短い期間で利益を確保できますが、分配金なしの投資信託に比べて複利効果が小さくなります。

ETF（上場投資信託）

ETFは、「上場投資信託」と呼ばれているように、東京証券取引所などの金融商品取引所に上場している投資信託のこと。投資信託との違いは、投資信託が1日1回しか取引できないのに対し、ETFは株式と同様、相場の動きを見ながら投資家の判断で売買することができます。

REIT（リート／不動産投資信託）

REITは投資家から集めた資金を元にオフィスビルやマンションなどの不動産を購入・運用して、そこから得られる賃料収入や不動産の譲渡益を投資家に分配するものです。予想利回りも比較的高く、数万円程度の少額から始められます。

ROE（自己資本利益率）

投資家が出資したお金を元に、企業がどれだけの利益を上げたかを数値化したものです。ROEの数値が高い水準で推移している会社は、収益性や成長性、さらには株主への利益還元も期待できます。

PER／PBR

PERとPBRはともに、株価が割安であるかどうかを判断する指標です。目安としてPERは15倍以下くらい、PBRは1倍以下といわれますが、あくまでも目安であり、実際にPER、PBRを見るときは同業他社の数字なども比較するといいでしょう。

損益通算

証券口座で損失が生じた場合、ほかの口座の利益と相殺することを「損益通算」といいますが、NISA口座に関しては、**ほかの利益と相殺する損益通算ができません**。また損失を翌年以降の税計算に持ち越せる「繰越控除」も利用できませんのでご注意ください。

NISA口座の開き方

NISA口座の開き方の手順を、ネット証券の楽天証券を例に説明します。PC、スマホどちらからでも可能ですが、マイナンバーカードなどの本人確認書類が必要になります。

NISA口座の開設は、とっても簡単

ここまで説明してきたように、資産運用を行ううえで、利益が非課税になるNISA制度を使わない手はありません。そしてこのNISAを利用する手続きは非常に簡単です。金融機関でNISA口座を開くだけだからです。

口座開設の申し込みはPCからでもスマホからでもできますが、近年はスマホの利用者が増えていることから、スマホで口座を開くと手続きが早いなどのメリットがあります。

口座開設の際には本人確認書類が必要となりますので、免許証かマイナンバーカードを用意しておく必要があります。

NISA口座の開き方❶

口座開設の手順（例：楽天証券、証券口座を持っていないケース）

※ここではパソコンで開設する手順を説明しますが、スマートフォンも必要になります。

（※）画面は 2023 年時点のものです

1　楽天証券のトップページを開く

2　サイドメニューにある「NISA口座申込」をクリック

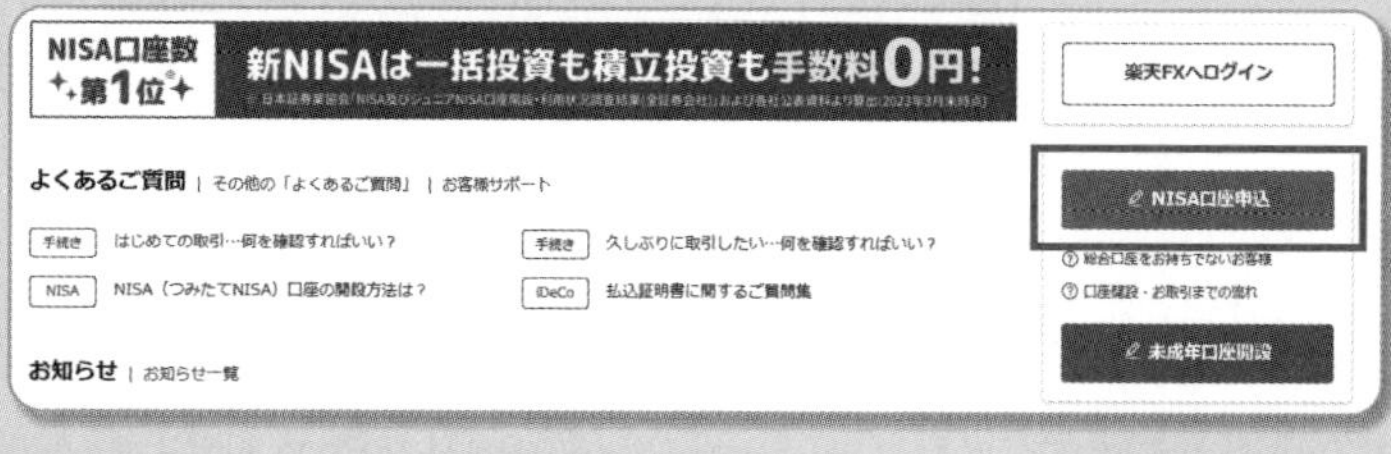

3　右側の「いますぐ口座開設（無料）」をクリック

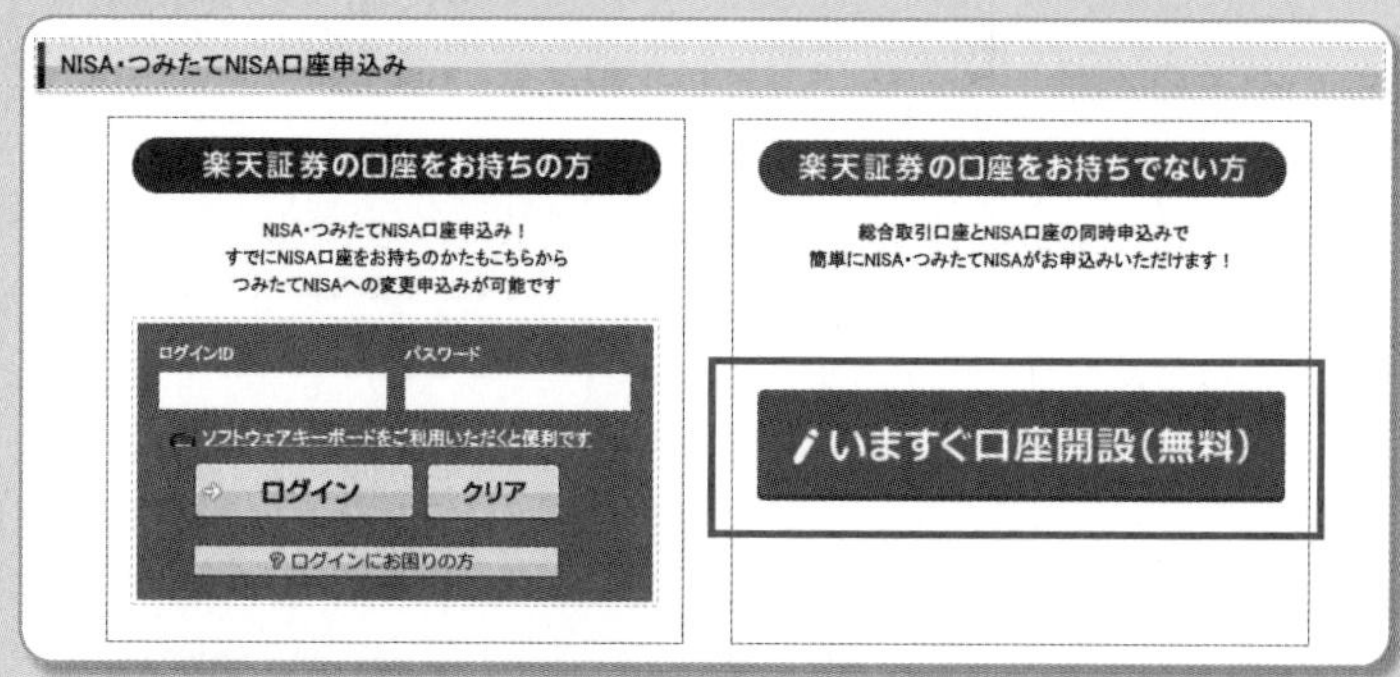

4 楽天会員の有無を選択（ここでは「楽天会員ではない方」を選択）

楽天会員の方
楽天会員ではない方

5 メールを送信

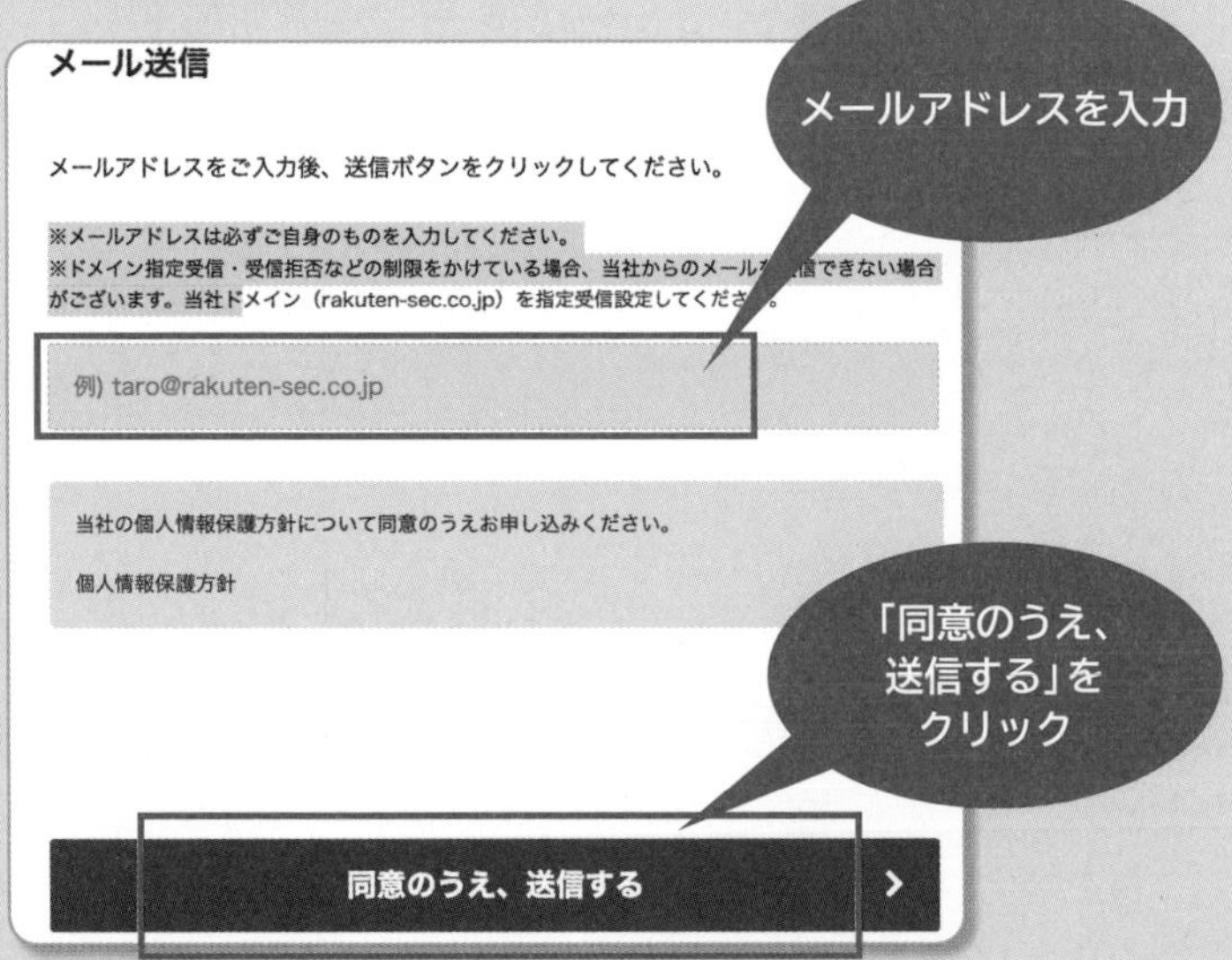
メール送信
メールアドレスをご入力後、送信ボタンをクリックしてください。
※メールアドレスは必ずご自身のものを入力してください。
※ドメイン指定受信・受信拒否などの制限をかけている場合、当社からのメール
信できない場合がございます。当社ドメイン（rakuten-sec.co.jp）を指定受信設定してくださ
例) taro@rakuten-sec.co.jp
当社の個人情報保護方針について同意のうえお申し込みください。
個人情報保護方針
同意のうえ、送信する
メールアドレスを入力
「同意のうえ、送信する」をクリック

NISA口座の開き方❸

6 入力したアドレスに楽天証券からメールが届く

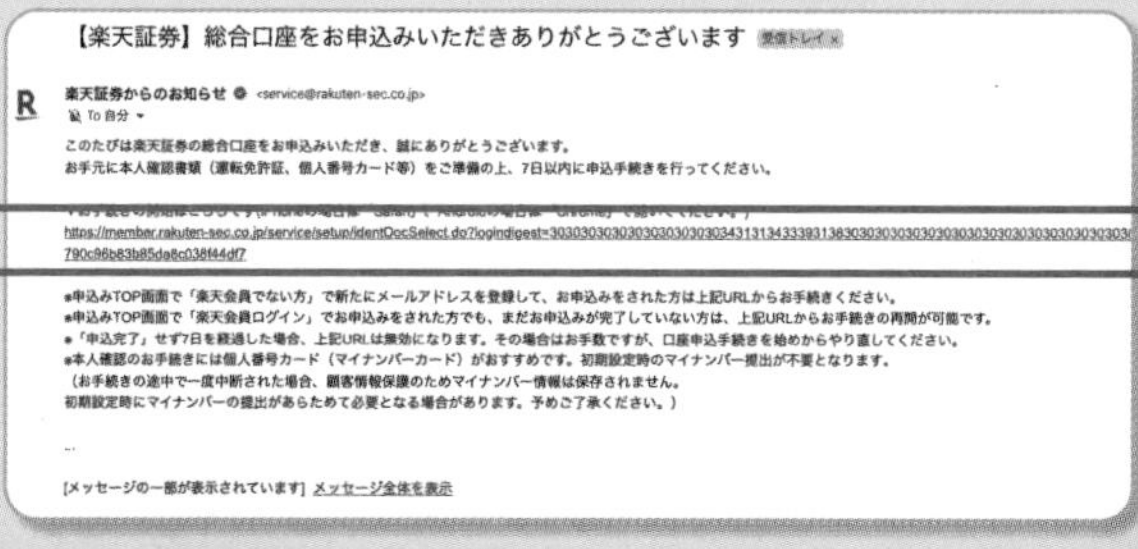

※本人確認ができる書類を用意！
（マイナンバーカードがお勧め）

7 国籍を選択⇒本人確認書類を選択

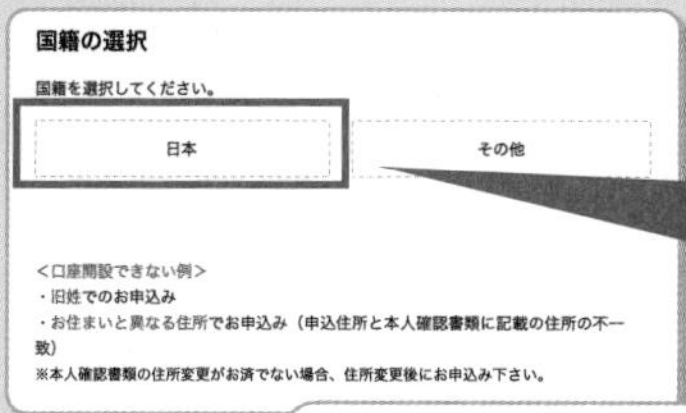

国籍を選択すると
下に本人確認書類の
選択画面が現れる

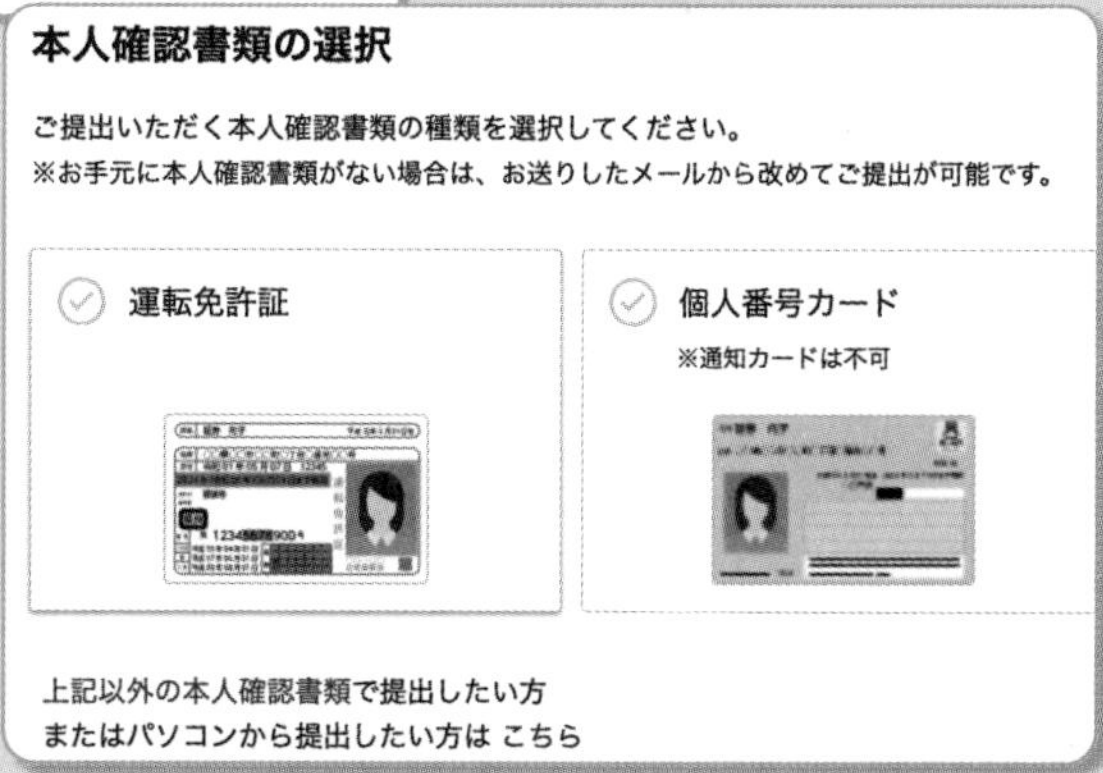

8 スマートフォンでQRコードを読み取り、写真を撮影

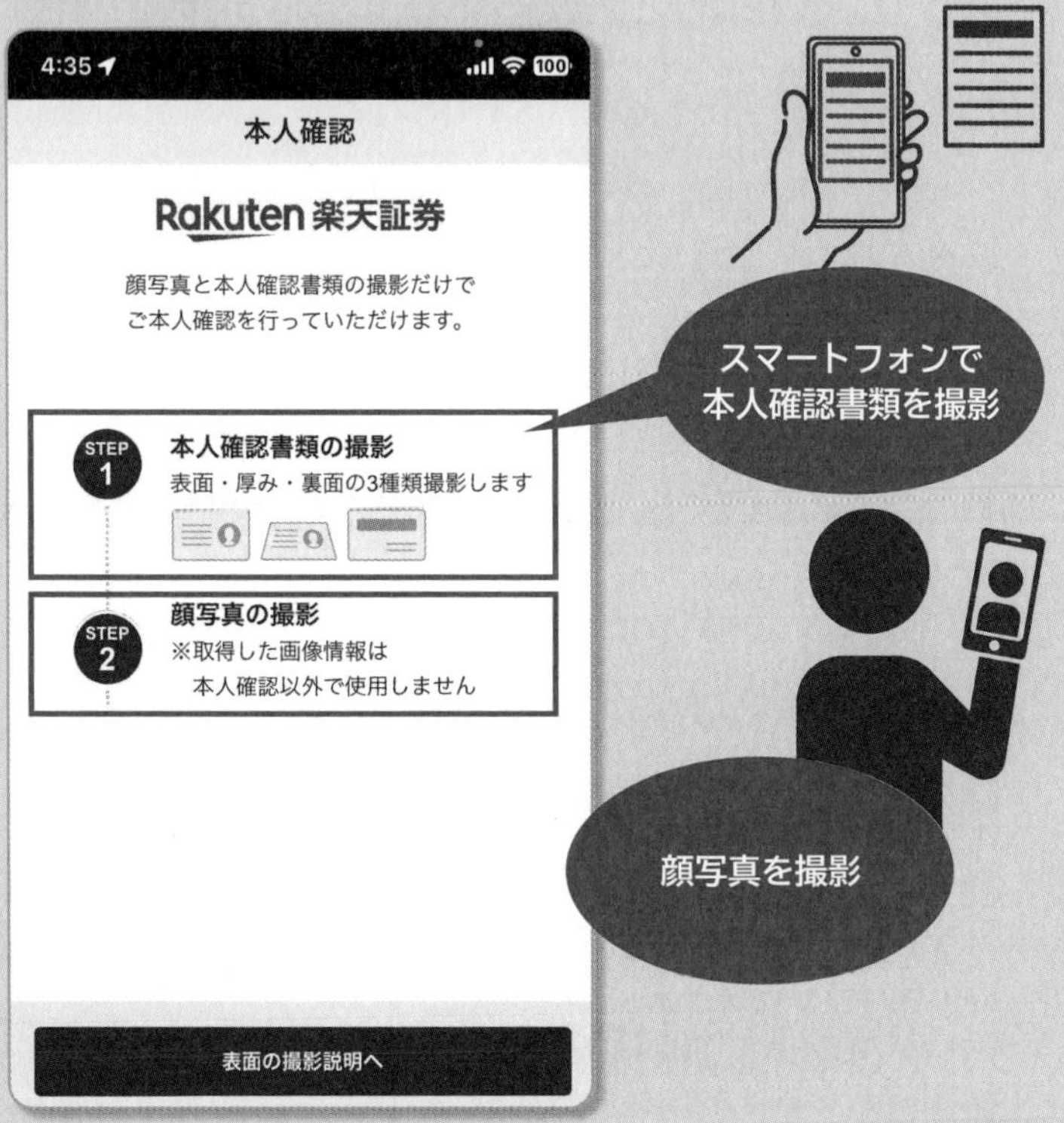

9 氏名・住所などの本人情報を入力し、NISA口座を申し込む

翌営業日～

楽天証券での審査終了後、ログインIDが登録されたメールアドレスに送られてくるので、ログインして初期設定・マイナンバー登録を行うとNISA口座で取引が始められる

NISA口座の開き方❺

10 スマートフォンで口座を開設する場合

NISA口座の開設方法をどこから探したらいいかわからない場合は、まず楽天証券トップ画面左上の「メニュー」を選択

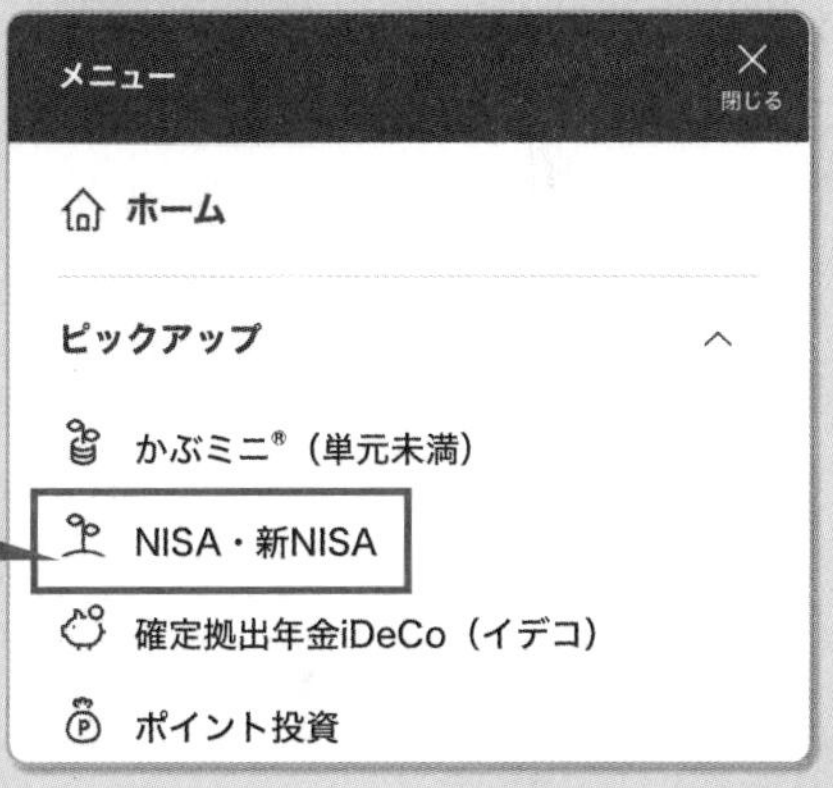

「NISA・新NISA」を選択（※）

（※）画面は 2023 年時点のものとなります

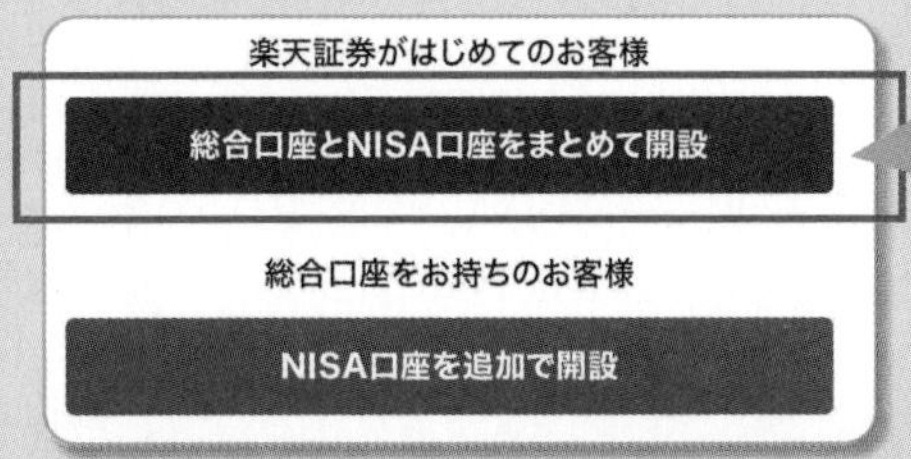

PCでの口座開設と同様、まだ口座を持っていない場合は総合口座とNISA口座をまとめて開設

PC等の撮影ができない端末からの申し込みや、運転免許証・マイナンバーカードではない本人確認書類を利用する場合は、本人確認書類の写真をアップロードのみ（ご自身の写真は撮らない）となり、ログインIDと初期パスワードが転送不要の書留郵便で送付されてきます。

Special Interview

“つみたて王子”がこっそり教える新NISA㊙活用法

「つみたて王子」こと中野晴啓氏が、新NISA誕生の裏話から制度活用の裏技まですべて教えます！

なかのアセットマネジメント
代表取締役社長

中野 晴啓

中野晴啓（なかの はるひろ）
1987年明治大学商学部卒業。セゾングループの金融子会社にて債券ポートフォリオを中心に資金運用業務に従事した後、2006年セゾン投信株式会社を設立。2007年4月代表取締役社長、2020年6月代表取締役会長CEOに就任。2023年6月セゾン投信を退任後、2023年9月1日なかのアセットマネジメントを設立。全国各地で講演やセミナーを行い、社会を元気にする活動とともに、積み立てによる資産形成を広く説き「つみたて王子」と呼ばれる。公益社団法人経済同友会幹事他、投資信託協会副会長、金融審議会市場ワーキング・グループ委員等を歴任。
著書に『最新版つみたてNISAはこの9本から選びなさい。』（ダイヤモンド社）、『50歳からの新ＮＩＳＡ活用法』（ＰＨＰビジネス新書）他多数。

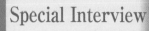

藪から棒の「資産所得倍増プラン」が新ＮＩＳＡを誕生させた

２０２４年から始まった新ＮＩＳＡは従来のものと比べて、大幅な拡充が実現した画期的な制度です。その有効活用法について触れる前に、まずは新制度が整備されるまでに至った背景（舞台裏）についてお話ししておきましょう。

２０２２年の５月初旬、岸田総理が唐突に発表したのが「資産所得倍増プラン」でした。２０００兆円にまで達する日本の個人金融資産の過半が現金・預貯金に偏っていることを問題視し、貯蓄から投資へのシフトを促すため、ｉＤｅＣｏ（個人型確定拠出年金）の加入対象年齢拡大とともに、ＮＩＳＡ（少額投資非課税制度）を改革すると言わば対外公約したのです。

その前年の９月に実施された自民党の総裁選で岸田さんは「金融所得課税を引き上げるべきだ」と主張していましたし、総理就任直後にも「格差是正と分配」に注力すると述べていました。その政策を悲観して株価が急落する「岸田ショック」も発生しましたが、こうした市場からの洗礼を受け、岸田さんが素直に反省するような人物か否かについては存じ上げません。

ただ、岸田さんの側近だった木原誠二内閣官房副長官（当時）は財務官僚出身で旧ＮＩＳＡの制度改正について強い問題意識を抱き、金融庁の中島淳一長官（当時）とも密にコミュニケーションを交わしていたようです。両者の間で、長期資産形成の重要性に関してコンセンサス（共通認識）が得られていたことも「資産所得倍増プラン」につながった要因でありましょう。

いずれにしても、岸田政権の政策としては明らかに180度の方針転換で、私たち運用業界サイドはもちろん、金融行政サイド（金融庁）に属する大半の人たちにとっても、まさしくサプライズでした。事前に首相官邸と金融庁が入念に協議を重ね、共通理解のもとに打ち出されたプランではなく、いきなり政治主導で発せられた一方的なメッセージだったわけです。

実は、金融に対する関心や理解が乏しい総理だと受け止められていたこともあり、表面的に岸田内閣と金融行政との対話は途切れていました。私たちも同様の認識でしたから、このような強いメッセージが飛び出すことは全くの想定外でした。当時、私は投資信託協会の副会長を務めており、金融庁とも頻繁に対話していたので、その舞台裏を実際に目撃しています。

異例中の異例で、新NISAは政治主導で生まれた

もともと私たち運用業界サイドは、従来のNISAが制度として完成形とはいい難く、不具合や使い勝手の悪さを改善すべきだと捉えていましたし、中島長官（当時）を筆頭とする金融行政サイドも課題意識を抱いていました。しかし、残念ながら当初の改正案は、むしろ制度を複雑化して理解されにくくする内容だったといえます。

それは、2階建て構造の制度に改め、1階部分で特定の投資信託に積立投資を行うことを大前提として、2階部分では株式などへ幅広い投資が可能になるというものです。2024年1月からこの制度へ移行することが決定し、金融機関向けのソリューションを手掛ける大手シス

テムインテグレーターもそのスキームに対応する新システムの開発を進めていました。

岸田さんの口から飛び出した「資産所得倍増プラン」がこうした動きに待ったをかけ、完全に白紙ベースから改正案を見直す展開になったのです。極めて異例なことに、２０２４年1月からスタートする新ＮＩＳＡは政治主導で生まれたものだといえますし、結果的に私たち運用業界サイドの要望を十分に反映し、個人投資家にとって本当に魅力的な制度になりました。

「資産所得倍増プラン」が表明されてからその年末までの約半年間、私たち運用業界サイドは金融行政サイドとハイレベルの対話を積み重ねました。「こういった制度にしてほしい」という単なる要望を示すのではなく、見直しを図ったことが国家にどのような効用をもたらすのか、ひいては日本経済の再生にどれだけ結びついていくのかについて訴えかけ、金融行政サイドとの間で共通理解を得られたうえで制度設計が進められたことが奏功したと思います。

最も画期的だったのは、投資可能期間に関する期限の撤廃

最も画期的な見直しは非課税期限の撤廃です。従来の投資可能期間は一般ＮＩＳＡが２０２８年まで、つみたてＮＩＳＡが２０４２年までと定められた時限措置だったのですが、制度自体が恒久化され、非課税投資期間は無期限になりました。

ＮＩＳＡの手本となった英国のＩＳＡ（個人貯蓄口座）には期限が定められておらず、私たち運用業界サイドとしてもそうなることが理想形でした。しかし、税務当局が非課税期間の延

長に難色を示しかねませんし、運用業界サイドからいきなり無期限という要望を出すと余計な反発を招く恐れがありました。その一方で、岸田さんが「抜本的拡充」と宣言した以上、中途半端な見直しにとどめるわけにはいかないというのがコンセンサス（共通認識）でした。そこで、金融庁の意向を探りながら歩調を合わせていく格好で運用業界サイドも独自の提案書を提出。その結果、金融庁サイドの提案書とほぼ同じ着地点となり、期限の撤廃が実現したのです。

従来の制度では、どうしても「非課税期間20年」というルールに投資行動が縛られてしまいがちでした。これに対し、無期限となった新ＮＩＳＡでは個々の年齢やライフプランなどに応じて、いつからいつまで投資を続けるのかを自由に定められます。

「老後2000万円問題」の解決にも道筋！

また、非課税限度額が１８００万円（そのうち成長投資枠は１２００万円まで）に拡大されたことも非常に意義深いことです。かつて、「公的年金だけでは老後に２０００万円足りない」という問題が取り沙汰されましたが、新ＮＩＳＡをフル活用して長期の資産形成に取り組めば、そういった不安の解消にもつながります。

一方、つみたて投資枠だけでなく、成長投資枠でも積立方式で投資できることも見逃せないポイントです。従来の制度は導入された時期が異なることもあってか、どちらかといえば一般ＮＩＳＡが中心的な存在で、つみたてＮＩＳＡはその補完的な位置づけになっていました。

これに対し、新ＮＩＳＡのつみたて投資枠と成長投資枠は一体化されたものだといえます。なぜなら、両ＮＩＳＡは併用して利用できるようになり、成長投資枠でもつみたて投資枠の対象商品を購入できるからです。

いい換えれば、新ＮＩＳＡはどちらの枠においても、積立方式で継続的な投資を行うのが基本のスタンスとなっているのです。

新NISAは長期、積立、分散の3原則が鉄則！

かねてより私は、「長期・積立・分散」の投資こそ、個人の資産形成においてあるべき姿だと訴えてきました。まさに新ＮＩＳＡは、この方針に基づいた投資を実践できるための制度になっています。

では、「長期・積立・分散」がなぜ重要なのでしょうか？　景気の動向や業績の浮き沈み、国際情勢、金融政策など、短期的に株価は多様な要因に左右されて上下動を繰り返しますが、長い目で見れば、その企業の成長に反映した推移を示すことが期待されます。

ただ、先述したように短期的な推移は予想しづらく、どのタイミングで資金を投じるのが適切なのかが判断しづらいものです。その点、少額ずつ長期的に積立投資を続けていけば、タイミングを見計らう必要もありませんし、相場の変動リスクを軽減できます。

さらに、投資する銘柄や業種、地域を幅広く分散すれば、いずれかの業種や地域で株価が低迷しても、別の業種や地域の好調によってカバーされる可能性があります。新NISAなら、「長期・積立・分散」の3原則を容易に実践できます。

「つみたて枠」でインデックスファンドしか買えないネック

とはいえ、約半年間という強行日程で進められていった改正であるだけに、新NISAにおいても改善すべきいくつかのポイントが残されています。まず挙げられるのは、つみたて投資枠で購入できる投資信託の大半がインデックスファンド（注1）に限られていることです。

つみたてNISAの対象商品がそのまま流用されたためですが、同制度がスタートした際にインデックスファンドだけに絞られてしまったのは、当時は粗悪な投資信託が数多く出回っていたことに金融庁が怒り心頭だったからです。毎月の高水準な分配率をアピールしながらもその裏には高いリスクが潜み、ダブルデッカーと揶揄されたタイプのファンドがその典型例でした。

5年以上の運用実績があり、純資産総額（投資家から集めた資金＋運用益）が50億円以上で、

（注1）特定の指数に運用成果が連動する投信

運用期間中の3分の2の期間で資金が流入している（解約が目立っていない）といった条件を定めて、対象ファンドを厳選していること自体は有益でしょう。ＮＩＳＡでの運用は長期のスパンが大前提なので、資金が流出しがちなファンドを選んでしまうと、途中で償還（運用終了↓返金）されてしまうリスクが高くなります。

しかし、アクティブファンド（注2）を否定してしまう格好になったことは問題だったと思います。インデックスファンドは運用の巧拙を問わず、当然のごとくどの会社が設定しても似たり寄ったりの実績で、このタイプに偏重してしまった結果、運用業界全体が疲弊するコスト（手数料）競争に陥ってしまったのです。

アクティブファンドでの運用にも視野を広げたい

つみたてＮＩＳＡは年間40万円ずつ最長20年と非課税枠がさほど大きくなかったため、1つの投資信託に的を絞るのが適切でした。そのうえで、最も広範に分散投資を実践でき、世界経済全体の成長を享受できる全世界株式インデックスに連動する投資信託を選ぶのが最も合理的だといえるでしょう。

その点、先に述べたように新ＮＩＳＡでは非課税枠が大幅に拡大します。したがって、つみたて投資枠で全世界株式インデックスに積立投資するという運用をコア（中核）に位置づけながらも、成長投資枠では自分自身の考え方に沿って、異なる視点の投資対象に資金を投じるこ

(注2) 目標に定めた指数を上回る運用実績を目指す投信

とを考えたいところです。具体的にその選択肢となってくるのは、日本株のアクティブファンドと世界株式のアクティブファンドだと私は考えています。私たちの多くは今後も日本で暮らしていくはずですから、資産運用を通じて日本の産業界を支えるのは有意義なことです。ただし、日本には経営が非効率な企業も少なくないため、日本株への投資においては銘柄を厳選するアクティブファンドを選ぶのが賢明であると私は思います。

一方、コアで全世界株式インデックスを選ぶなら、成長投資枠では世界株式のアクティブファンドをターゲットに定め、より高いリターンを追求するのも一考でしょう。これらの選択肢をみなさんに提供すべく、早ければ２０２３年度内にも新しい投資信託を設定することを目指して、私は２０２３年９月１日にその準備会社を設立しました。

設定を計画しているのは、世界株アクティブファンドと日本株のアクティブファンドの２本です。新ＮＩＳＡも１人１口座しか開設できないので、より多くの投資家の方々が利用できるように当面は直販を行わず、長期投資の志を共有できる金融機関で販売してもらう予定です。

私が設定するファンドも然りですが、新ＮＩＳＡの投資先にする投資信託を選ぶ際には、運用実績の推移もさることながら、着実に資金の流入が続いて純資産残高が増え続けているものに注目するようにしましょう。逆からいえば、純資産残高は相対的に少ないものや、資金流出が目立つものは避けるのが賢明です。

新ＮＩＳＡは中高年世代でも有効活用できる！

生涯を通じて１８００万円の非課税投資枠が設けられているのに対し、年間の投資可能額はつみたて投資枠と成長投資枠の合計で３６０万円となっています。毎年、この枠をフルに活用したなら、わずか5年で一生涯分を使い切ってしまう計算になります。

実は、それはとても重要なことを意味しています。本来、ＮＩＳＡは投資に長い時間を費やせる若い世代向けの制度だと受け止められがちでした。しかし、新ＮＩＳＡは毎年３６０万円ずつ5年で資金投入が完了し、個々の都合で換金の必要が生じるまで運用を続けられます。

つまり、老後のことが視野に入り始めた中高年世代も大いに活用できる制度になっているわけです。公的年金に多くを期待しづらいこともあってか、今の若い世代の間では投資に高い関心を示す傾向がうかがえますが、対象的に現在の中高年世代の多くは預貯金一辺倒の運用だったはずです。そして、最近になって投資の必要性を感じるようになったものの、「もはやこの年齢では遅すぎるだろう……」と諦めているかもしれません。しかしそういう方々も、諦める必要はありません。新ＮＩＳＡを活用すれば、今からでも十分に間に合います。ぜひ新ＮＩＳＡのスタートに合わせ、本格的な資産運用に取り組んでみてはいかがでしょうか。

新NISAのポートフォリオの組み方

次章では、「億り人」の個人投資家が新NISAを利用した独自のポートフォリオを紹介します。そこで簡単に新NISAのポートフォリオの作り方をおさらいしておきます。

2つの枠を効率的に使い分ける

新NISAには「つみたて投資枠」と「成長投資枠」の2つの枠があります。両方の枠を利用した場合の生涯の限度額が1800万円ですが、「成長投資枠」ではそのうち1200万円までの枠を使うことができます。

「つみたて投資枠」で投資できるのは、積み立てや分散投資に適した一定の投資信託（ETFを含む）。「成長投資枠」では、それに加えて上場株式などにも投資できます。

初心者や経験の浅い人は、まず「つみたて投資枠」から始めていくのが良いでしょう。「つみたて投資枠」のみで生涯限度額1800万円を使い切ることもできます。投資できる投資信

ポートフォリオの組み方は3通り

❶「つみたて投資枠」と「成長投資枠」の併用

つみたて投資枠

投資信託・ETF

- 国内　株式 債券 REIT
- 海外　株式 債券 REIT

成長投資枠

投資信託・ETF・上場株式

- 国内　株式 債券 REIT
- 海外　株式 債券 REIT
- 上場株式　株券

生涯限度枠1800万円（うち成長投資枠は1200万円）

❷「つみたて投資枠」のみ

つみたて投資枠

投資信託・ETF

- 国内　株式 債券 REIT
- 海外　株式 債券 REIT

生涯投資枠1800万円を「つみたて投資枠」のみですべて使い切ることも可

「成長投資枠」の生涯投資枠は1200万円なので、NISAの生涯限度額1800万円のうち余った600万円を「つみたて投資枠」で使うことも可能

❸「成長投資枠」のみ

成長投資枠

投資信託・ETF・上場株式

- 国内　株式 債券 REIT
- 海外　株式 債券 REIT
- 上場株式　株券

託やETFなどの商品は金融庁が厳選したものですので、比較的リスクも低く、堅実に資産運用をしたい人に向いています。

「成長投資枠」で「つみたて投資枠」向けの投信を買うことも

一方、「成長投資枠」は「つみたて投資枠」よりも購入できる商品が格段に増えるところが特徴です。上場株式などにも投資できますので、より利益を追求したい人にはお勧めですが、やはり個別株の投資となるとその企業の将来性や市場の動向なども常にウォッチしていかなければいけません。知識や経験も必要となりますし、時間や手間もかかります。その意味では、成長投資枠はある程度、株式投資の経験のある人に向いた枠といえるでしょう。

また、成長投資枠の生涯限度額は1200万円なので、新NISA全体の生涯限度額1800万円に対し600万円の余りが出ます。限度額一杯まで使い切りたいという人は、その600万円を「つみたて投資枠」で使うようにすると効率が良いでしょう。

「成長投資枠」で「つみたて投資枠」の投資信託を購入することも、もちろん可能です。「成長投資枠」は年間の限度枠が「つみたて投資枠」の2倍（240万円）なので、短期間で利益を上げたい（しかし個別株を買う自信がない）という人は、金融庁が「つみたて投資枠」用に選定した投資信託の中から、比較的高い利益を期待できるものを選んで集中的に買うこともできます。

第2章

億り人が大公開！
新NISA
「最強」ポートフォリオ

億り人が作る！新ＮＩＳＡの最強ポートフォリオ

億り人のポートフォリオを活用しよう！

第２章では「億り人」と呼ばれる投資家が作成した新ＮＩＳＡ向けポートフォリオを大公開。それぞれのファンドや銘柄の選択理由も紹介していきます。

ポートフォリオは、新ＮＩＳＡの「つみたて投資枠」と「成長投資枠」の両方を使ったものもあれば、「成長投資枠」のみのものもあり、億り人によってスタイルはさまざまです。また、初心者がそのままマネして使えるポートフォリオもあれば、資産運用の高度な知識を要するものもあります。その点は、各投資家が、初心者がこのポートフォリオをアレンジして使う場合のアドバイスも加えてくれています。そのほか、新ＮＩＳＡを賢く使う「裏技」なども各億り人が公開しています。これから資産運用を始める人も、すでにある程度投資経験のある人も、ぜひ新ＮＩＳＡを活用する上での参考にしてください。

億り人が作成したポートフォリオの見方

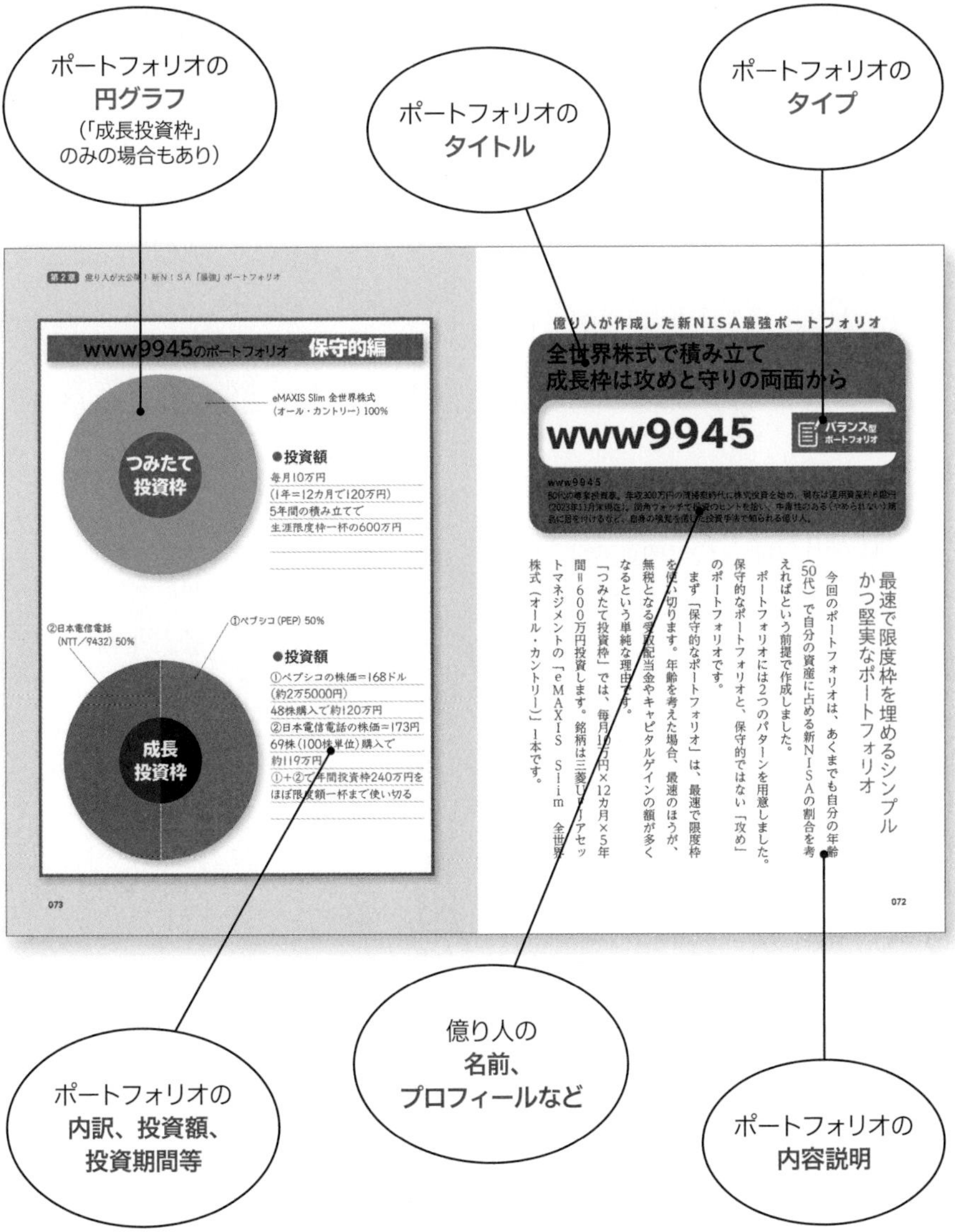

「つみたて投資枠」で資産最大化、「成長投資枠」で配当金最大化を

桶井道《おけいどん》

バランス型ポートフォリオ

桶井道
投資歴25年の個人投資家、物書き。47歳で資産1億円とともに会社を早期退職。その後３年で資産を1.5億円に。現在は両親の介護・見守り、そして家事をしつつ、単行本や連載、ブログなどを通じて投資やFIREに関しての情報を発信中。X（旧Twitter）アカウント：@okeydon

新ＮＩＳＡで大事な「出口戦略」

私の新ＮＩＳＡ向けポートフォリオの内訳は次のようになります。

①「つみたて投資枠」……ｅＭＡＸＩＳ Ｓｌｉｍ 米国株式（Ｓ＆Ｐ５００）＝６００万円投資。

②「成長投資枠」……日本株の高配当株および増配株＋少額の金額調整に東証ＥＴＦを利用＝１２００万円投資。

詳しくは57ページ以降の図を見ていただければと思いますが、狙いは「つみたて投資枠」にて資産最大化を目指し、「成長投資枠」にて配当金最大化を目指すことにあります。「つみたて投資枠」の投資信託は60～65歳を目安に全額売却して、特定口座にて日本株の高配当株か東証ＥＴＦで高配当株に投資するタイプに買い替えます。

投資信託は、資産を増やすには効率的ですが、取り

桶井道のポートフォリオ ❶

【S&P500を選ぶ理由】

①過去の圧倒的な成績。ほかの主要指数より優れた成績である。

②米国企業は、世界で通用するブランド力がある、世界一のイノベーション力がある。グローバルスタンダードとなっている。

③米国企業はガバナンスが優れている。株主還元意識が強い。

④米国は先進国なのに人口増加国である。優秀な人材が増えるし、内需も多くなることを意味する。

⑤米国は国としても強い。世界一の軍隊「米軍」、ＧＤＰトップ、基軸通貨「ドル」、共通言語「英語」。

●投資額

eMAXIS Slim 米国株式（S&P500）＝600万円投資（60～65歳を目安に全額売却して、特定口座にて日本株の高配当株か東証ＥＴＦで高配当株に投資するタイプに買い替え）

崩しには向きません。よって、投資信託の取り崩しは一切考えにありません。新NISAは恒久化されるからこそ、お金の増やし方よりも「出口戦略」が大事になります。出口戦略に投資信託は向かないと考える理由は次の通りです。

①「いまのあなた」と「高齢になったあなた」では状況が違う

金融ショックで暴落した場合、投資信託の評価額が大きく下がりますが、その中で平常心で取り崩すのは無理です。平常時はそのくらいできると思いがちですが、いざ暴落相場に突入すると、想像を絶する難しさがあります。私は25年間の投資経験の中で、ITバブル崩壊、リーマンショック、コロナショックなどを経験してきたので、暴落時のメンタルがわかります。

また、「いまのあなた」には給与収入があり、暴落をそれほどは怖く感じないかもしれません。しかし、「高齢になったあなた」には公的年金と投資信託だけが頼りになり、状況は変わります。評価額3000万円の投資信託があったとして、月に5%下落しただけでも150万円もの目減りとなります。その中で当月の生活費を平常心で取り崩すのは不可能です。

②85歳になった時点で資産が枯渇する不安と闘いたくない

60歳のときは十分にあったように思えた投資信託も、取り崩すとだんだん減っていきます。85歳になった時点で、残りが少なくなっていることに気がつき、資産枯渇不安と闘いたくありません。「長生きリスク」なる言葉が現実化するのは、残酷な老後となります。そこから挽回しようとしても、選択肢はまずありません。投資法を変える力はもうないでしょうし、労働に

桶井道のポートフォリオ ❷

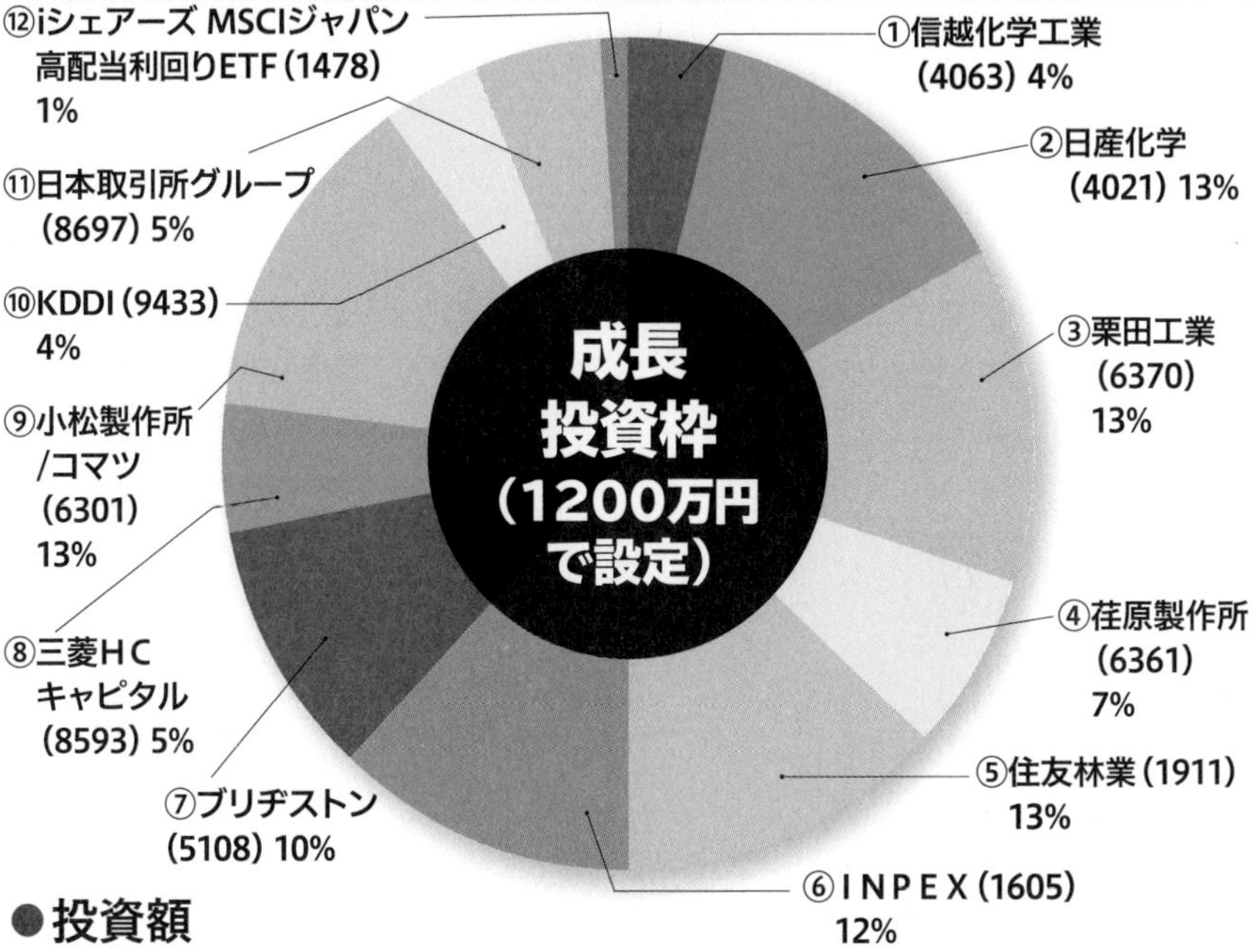

●投資額

①信越化学工業　5212円×100株＝52万1200円
②日産化学　5393円×300株＝161万7900円
③栗田工業　5238円×300株＝157万1400円
④荏原製作所　8371円×100株＝83万7100円
⑤住友林業　3774円×400株＝150万9600円
⑥ＩＮＰＥＸ　2090円×700株＝146万3000円
⑦ブリヂストン　6098円×200株＝121万9600円
⑧三菱ＨＣキャピタル　964.4円×600株＝57万8640円
⑨小松製作所/コマツ　3772円×400株＝150万8800円
⑩KDDI　4625円×100株＝46万2500円
⑪日本取引所グループ　3019円×200株＝60万3800円
⑫ｉシェアーズ MSCIジャパン高配当利回りETF　3170円×33口＝10万4610円
合計　1199万8150円（※株価は1株当たりの金額）

実際に5年間で投資する予定のポートフォリオ

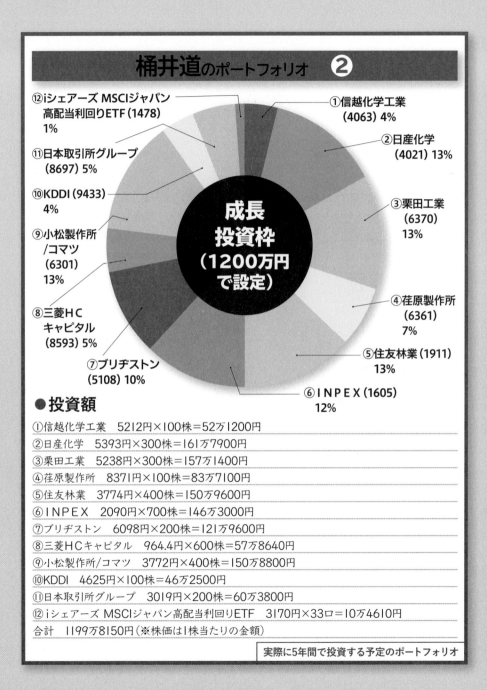

戻るのは非現実的です。後期高齢者となってから、汲々と節約する生活はしたくないと考えます。

③「いまのあなた」には簡単にできることも、「高齢になったあなた」には簡単ではない

高齢になって、判断能力、視力、手指の動きが鈍る中で（私は元投資家の父を自宅介護しており、親の老いと向き合ってきたので、それが誰よりもわかります。父が高齢になり鈍くなった時点で、投資家から引退する姿を目の当たりにしました）、正確に取り崩しができるとは思えません。パソコンやスマホの操作もおぼつかなくなります。

「いまのあなた」には簡単にできることも、「高齢になったあなた」には簡単ではありません。老いるとは、そういうことです。仮に、投資信託の自動売却サービスを使ったとしても、取り崩すというタスクを委ねるだけで、前述した不安を一掃することはできません。

つみたて投資枠の活用

「つみたて投資枠」では、資産の最大化を目指します。投資先はS&P500に投資する投資信託一択です。銘柄は純資産総額や信託報酬からeMAXIS Slim米国株式（S&P500）とします。純資産総額は大きいほうが良く、信託報酬は低いほうがいいでしょう。

S&P500を選ぶ理由は次の通りです。

①過去の圧倒的な成績。ほかの主要指数より優れた成績である。
②米国企業は、世界で通用するブランド力がある。世界一のイノベーション力がある。グロー

桶井道のポートフォリオ ❸

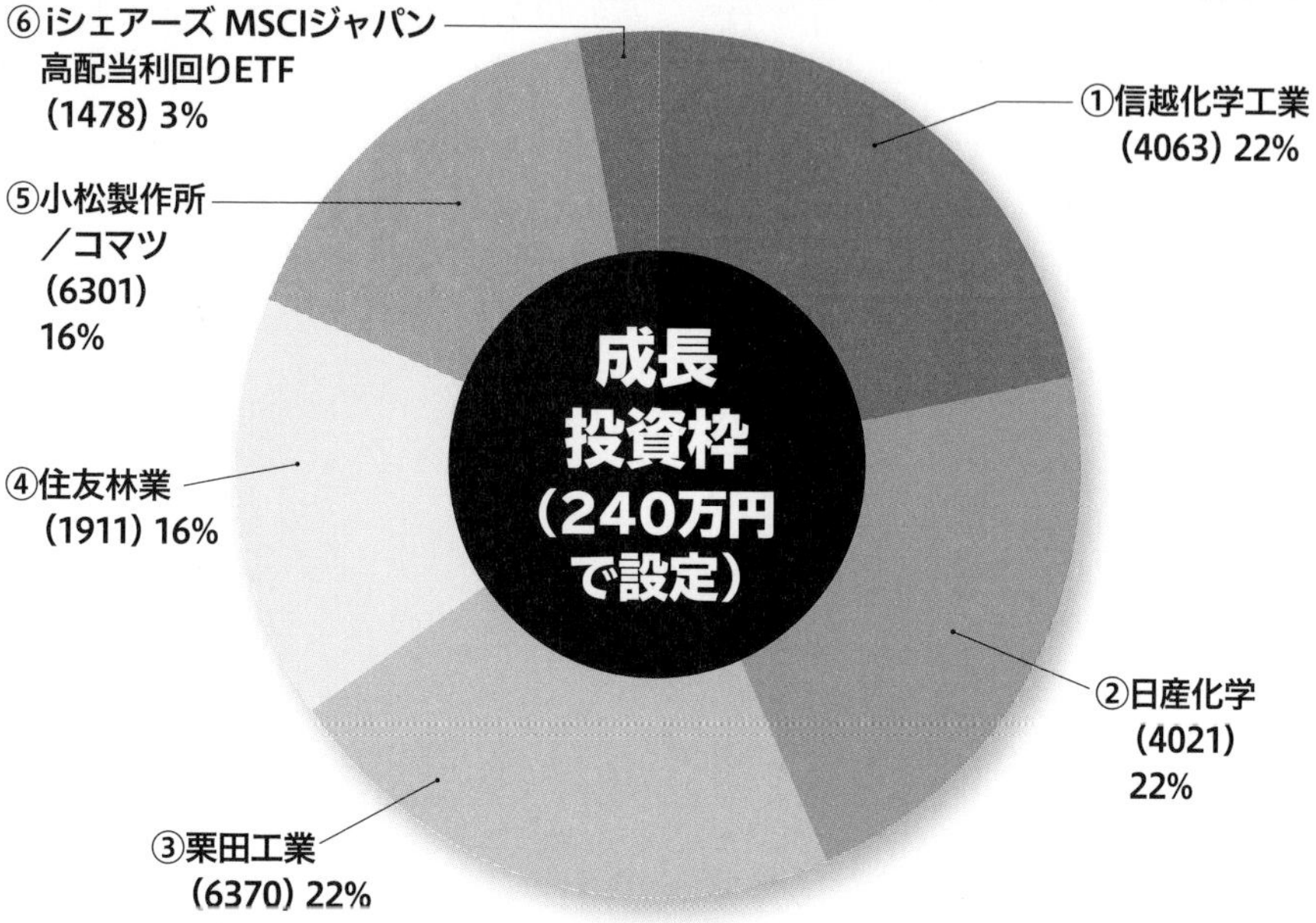

●投資額

①信越化学工業　5212円×100株＝52万1200円
②日産化学　5393円×100株＝53万9300円
③栗田工業　5238円×100株＝52万3800円
④住友林業　3774円×100株＝37万7400円
⑤小松製作所/コマツ　3772円×100株＝37万7200円
⑥iシェアーズ MSCIジャパン高配当利回りETF　3170円×19口＝6万230円
合計　239万9130円
（※株価は1株当たりの金額）

2024年に投資する予定のポートフォリオ

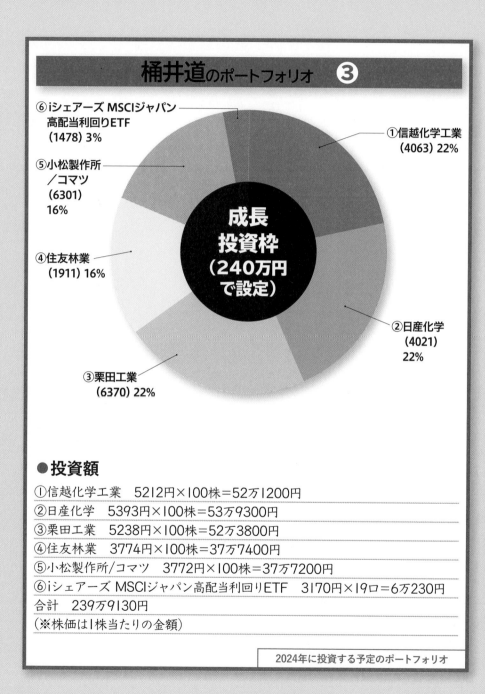

バルスタンダードとなっている。
③米国企業はガバナンスが優れている。株主還元意識が強い。
④米国は先進国なのに人口増加国。これは優秀な人材が増え、内需も多くなることを意味する。
⑤米国は国としても強い。世界一の軍隊「米軍」、GDPトップ、基軸通貨「ドル」、共通言語「英語」。

以上の理由から、世界一の米国の、エース級の企業500社に投資することが、最良の選択だと思います。

成長投資枠の活用

日本株の高配当株および増配株で「じぶん年金」を作り、基本的に生涯ホールドします。時価総額1兆円以上を基準として、業績が良い、高配当株か増配株を選びます。1銘柄につき150~180万円を目安として、成長投資枠だけではなく特定口座も合わせて考えます。国策である「半導体関連」から、実績のある企業を多めに選択しました。

そのほか、世界で戦える企業、海外で稼ぐ企業、内需だけでも生き残ることができる企業を選んでいます。各銘柄の選択理由は左ページの表の通りです。

米国株ではなく日本株である理由は、高齢になって判断能力が衰えたとき、米国株は難しいと考えるからです。老後、米国株投資は、（主に特定口座にて）東証ETFで行うつもりです。

●成長投資枠で投資する銘柄とその理由

信越化学工業（4063）
化学で時価総額首位。半導体シリコンで世界シェアトップ。ナンバーワン投資。海外売上比率80%超。

日産化学（4021）
農薬は国内首位級、ディスプレイ材料や半導体材料も強い化学企業。ニッチな市場で高いシェアを持つ製品作りにより、高収益、高成長を果たす。オンリーワン投資。

栗田工業（6370）
総合水処理の国内最大手、海外売上比率が約半数。水、半導体とこれから必要な分野で事業をする。ナンバーワン投資。20期連続増配予定と株主還元が良好。

荏原製作所（6361）
主力製品はポンプ、送風機、タービン、半導体関連などで世界のインフラを支える企業。水、半導体、二酸化炭素削減と、これからの時代に必須なソリューションを目指す姿勢に賛同。世界的に需要のある分野へ供給するため成長が予想できる。

住友林業（1911）
森林経営・流通、木造建築、バイオマス発電など「木」を軸に事業展開。木材建材商社として取扱高国内１位。海外売上比率が半数ほどと高い。世界的に森林面積が減少する中、森を守る・育てることは重要なテーマであり、そこで事業する同社に投資したい。解決すべき地球規模の問題に取り組みながら収益化するのは投資先として理想的である。

ＩＮＰＥＸ（1605）
日本最大級の総合エネルギー開発企業。ナンバーワン投資。

ブリヂストン（5108）
タイヤ売上高で世界トップ３。EVにシフトしても、空飛ぶ車になっても、タイヤが必要なくなることは考えにくい。ナンバーワン投資（国際的にもトップ３位以内）。

三菱ＨＣキャピタル（8593）
リース大手、25期連続増配予定と株主還元意識が強い。

小松製作所/コマツ（6301）
建設機械世界２位（国内首位）、ナンバーワン投資（国際的にもナンバー２投資）。

KDDI（9433）
国内通信大手。22期連続増配予定と株主還元が良好。営業利益率が約19%と優秀。ナンバー２投資。

日本取引所グループ（8697）
東京証券取引所を傘下に持つ。日本で唯一の総合取引所グループで、絶対になくならない事業をする。ナンバーワン投資。

iシェアーズ MSCIジャパン高配当利回りETF（1478）
配当性向や配当継続性、財務指標（ROEおよび自己資本比率など）の要件を満たす銘柄から、配当利回りが高い約40銘柄で構成されている東証ETF。銘柄選定において、「現在」の配当利回りだけを見ず、配当継続性を考慮していることを評価。世界最大の運用会社ブラックロックが運用していることも安心材料となる。1口単位の売買が可能で、3000円程度で投資できるため、年間投資枠240万円および非課税保有限度額（総枠）1200万円の２つの「上限」に対して、少額の調整が可能。

●現状の特定口座保有銘柄（日本株）

iシェアーズMSCIジャパン高配当利回りETF（1478）　17口
NEXT FUNDS 日経平均高配当株50指数連動型上場投信（1489）　1口（分割後30口）
iFreeETF TOPIX高配当40指数（1651）　30口
以上、将来的に日本株も東証ETFによる運用を選択肢とするため、「味見」中です。

積水ハウス（1928）　1000株　住宅国内大手、世界でも有数。戸建て住宅からマンション・都市開発まで総合的に手掛ける。12期連続増配予定と株主還元が良い。

東急不動産ホールディングス（3289）　100株　「親孝行」枠。親と、親の介護でお世話になった知人が株主優待を楽しみにしているため。

信越化学工業（4063）　200株（前出）

荏原製作所（6361）　100株（前出）

伊藤忠商事（8001）　400株　総合商社トップ3。非資源に強い。累進配当政策。（※）

三井物産（8031）　400株　総合商社トップ3。資源に強い。累進配当政策。

三菱商事（8058）　2000株（分割後6000株）　総合商社首位。資源と非資源が半々とバランスが良い。総合力がある。累進配当政策。ナンバーワン投資。総合商社トップ3社を持つことでバランスを取っている。

三菱UFJフィナンシャル・グループ（8306）　4400株　メガバンク最大手を傘下に持つ日本最大の金融グループ。ナンバーワン投資。

三井住友トラスト・ホールディングス（8309）　200株　三井住友信託銀行を傘下に持つ日本最大級の信託銀行グループ。累進配当政策。

三井住友フィナンシャルグループ（8316）　800株　3大金融グループの一角で効率性が優秀。累進配当政策。

みずほファイナンシャルグループ（8411）　600株　3大金融グループの一角。復活に期待。累進配当政策。

みずほリース（8425）　100株　事業成長を期待している。株主還元も良好。

オリックス（8591）　600株　総合リース国内最大手。空港運営や再生可能エネルギー、統合型リゾートにも関わり、金融の枠を超えて商社的。ナンバーワン投資。

三菱HCキャピタル（8593）　1000株（前出）

東京海上ホールディングス（8766）　600株　損保日本最大手、世界の損保でも利益ランキングでトップ10。特別配当を除く普通配当では12期連続増配予定。ナンバーワン投資。

日本電信電話／NTT（9432）　37500株　国内通信最大手、ナンバーワン投資。通信は内需だけでも需要が増える分野。

KDDI（9433）　300株（前出）

沖縄セルラー電話（9436）　100株　「沖縄投資」枠。22期連続増配予定と株主還元が良好。

（※）業績の良し悪しに関係なく配当支払いを増配または維持し、減配しないという政策

●現状の特定口座保有銘柄（外国株）

※数が多すぎるので10万円以下の少数株は割愛

東証ETF
上場インデックスファンド豪州リート　350口／iシェアーズS&P500米国株ETF　7200口／グローバルX S&P500配当貴族ETF　620口／MAXISナスダック100上場投信　45口

シンガポール株
ライオンフィリップSリートETF　12800口／SATS　800株／シンガポール・テレコム　800株

ベトナム株
ペトロベトナム化学肥料　1500株／ペトロベトナムガス　700株／ファーライ火力発電　2100株／ビナミルク　600株

米国株（含・ADR）
アップル　53株／アプライド・マテリアルズ　27株／アンフェノール　11株／（オランダ）ASMLホールディング　29株／（カナダ）BCE　217株／（豪）BHPグループ　174株／CMEグループ　23株／（カナダ）カナディアン・ナショナル・レールウェイ　7株／（アイルランド）CRH　15株／コルテバ　30株／ディア　20株／（インド）EPI（インド株収益ファンド）100口／（マレーシア）EWM（iシェアーズMSCIマレーシアETF）　38口／アルファベットA株　80株／ICE　34株／ジョンソン・エンド・ジョンソン　33株／キンバリークラーク　16株／マスターカード　13株／マリオット・インターナショナル　10株／マクドナルド　20株／（アイルランド）メドトロニック　18株／（アルゼンチン）メルカドリブレ　1株／アルトリア・グループ　42株／MSCI　24株／マイクロソフト　93株／（英）ナショナル・グリッド　73株／（イスラエル）ナイス　21株／サービスナウ　10株／（デンマーク）ノボノルディスク　7株／ペプシコ　8株／P&G　53株／フィリップ・モリス・インターナショナル　37株／（英）リオ・ティント　24株／RWR（米国リート）　84口／（米国以外世界）RWX（米国以外の世界リート）　30口／サザン・コッパー　21株／（英）シェル　30株／サザン　27株／S&Pグローバル　13株／（チリ）ソシエダード・キミカ・イ・ミネラ・デ・チリ　33株／（カナダ）トロント・ドミニオン・バンク　91株／（スイス）TEコネクティビィティ　9株／（インドネシア）テルコム・インドネシア　61株／（台湾）台湾セミコンダクター/TSMC　121株／（英）ユニリーバ　117株／（台湾）ユナイテッド・マイクロエレクトロニクス　82株／ユナイテッド・ヘルス・グループ　2株／ユニオン・パシフィック　22株／ビザ　75株／（ブラジル）ヴァーレ　90株／VHT（ヘルスケアETF）　33口／VIG（米国増配株式ETF）　25口
VYM（米国高配当株式ETF）　136口／ベライゾン・コミュニケーションズ　109株／ウエイスト・マネジメント　8株／XLRE（米国リートETF）　79口／ゾエティス　27株

東証ETFなら、すべて日本語で解決できるうえ、日本円で投資可能で、外国株口座を必要とせず、分配金も日本円なので、老後も安心だからです。

投資目標と投資方針

投資目標は、60歳で資産2億円＋年間配当金（手取り）300万円を目指します。現在は50歳で、資産1・5億円＋年間配当金（同）210万円です。「じぶん年金」を構築することで、原則として取り崩しはせずに、配当金（分配金）および公的年金のみで生活する計画です。

次に投資方針は、全世界、高配当もしくは増配の個別株・ETF・リートへの長期投資と、配当金再投資、「じぶん年金」の構築です。日本株や米国株がメインですが、それだけにこだわらず、世界の企業から優良企業を選択します。本社所在地は気にしません。しかし、投資通貨はできるだけ日本円と米ドルに集中させたいと考えます（投資効率を上げるため）。

現在はETFを含めて世界30カ国・地域に投資しており、基本的に大型株を好みます。理由は、業績が安定していて、株価の値動きが比較的マイルドであるからです。老後は、外国株については、個別株からは原則撤退してETFにシフトするつもりです。

NISAでは負けにくい投資を優先しよう

次に、私のポートフォリオを読者のみなさんがそのまま使えるかどうかということですが、日本株については、高配当株および増配株で運用するなら使っていただけるでしょう。69ページのポートフォリオを参照してください。外国株については、65ページに保有銘柄を記載しましたが、ベトナム株およびシンガポール株は初心者向きではありません。そして、米国株（含、ADR）も分散が大切とはいえ、ここまでの銘柄数を持つ必要もないでしょう。

日本株に限らず米国株もそうですが、小中型株から自分なりの銘柄を「発掘」しようとしても、ハイリスク・ハイリターンであり、大型株でも配当のない成長株は同様です。損益通算や繰越控除が使えないNISAでは負けにくい投資を優先したい。ゆえに、大型株から高配当株や増配株を探したいと思います。それも、市場が成長する分野で事業をする企業で、業界ナンバーワンか2位、もしくはニッチに稼ぐオンリーワン企業が良いでしょう。参入障壁の高い事業、インフラ的な事業が理想です。市場が縮小する分野では売上も利益も伸びません。また、業界3位以下では価格競争力がなく、利益が出にくくなります。真似されやすい事業もダメです。立ち上げ直後は儲かっても、すぐに競合が現れて、価格競争が起こり、儲からなくなります。

優良銘柄をいったん買ったら原則として生涯保有し、「じぶん年金」を構築します。売却するのは、業界3位以下に転落した場合や不祥事を起こした場合などです。今、業界として注目しているのは、半導体、資源、農業です。

さらにつけ加えると、ハイリスク・ハイリターンとなる新興国株や新興国に投資する投資信託およびETFへの投資もNISA口座ではお勧めしません。大きな含み損を抱えた場合に、損益通算も繰越控除もできないことが理由です。どうしても新興国に投資したいなら、「オール・カントリー」の投資信託、新興国が含まれるETFが良いでしょう。新興国の個別株を買いたい場合は、損失が出た場合に損益通算や繰越控除が可能な特定口座で投資することをお勧めします。

私が初心者であると仮定して、今からゼロベースで、「成長投資枠」の上限額1200万円に合わせて「じぶん年金」を構築するとしたら、左ページの図のようにすると思います。

新NISAを活用する際の「裏技」

最後に、新NISAを活用する際の「裏技」について、自分なりのアイデアをご紹介します。前述の通り、「つみたて投資枠」で資産最大化、「成長投資枠」で配当金最大化を目指す場合、若いうちは、「成長投資枠」を使わずに「つみたて投資枠」で、投資信託を運用（積立投資）するのが効率が良いのでお勧めします。目標資産額に到達したら(もしくは年齢によって)、「つみたて投資枠」での投資信託を卒業し、「成長投資枠」での高配当株や増配株への投資にシフトするのが良いでしょう。

投資では、お金の増やし方ばかりが語られて、「出口戦略」はあまり語られませんが、絶対に失敗できない「出口戦略」がより大切だと思います。そして、失敗しないため、かつ老後に

桶井道のポートフォリオ ④

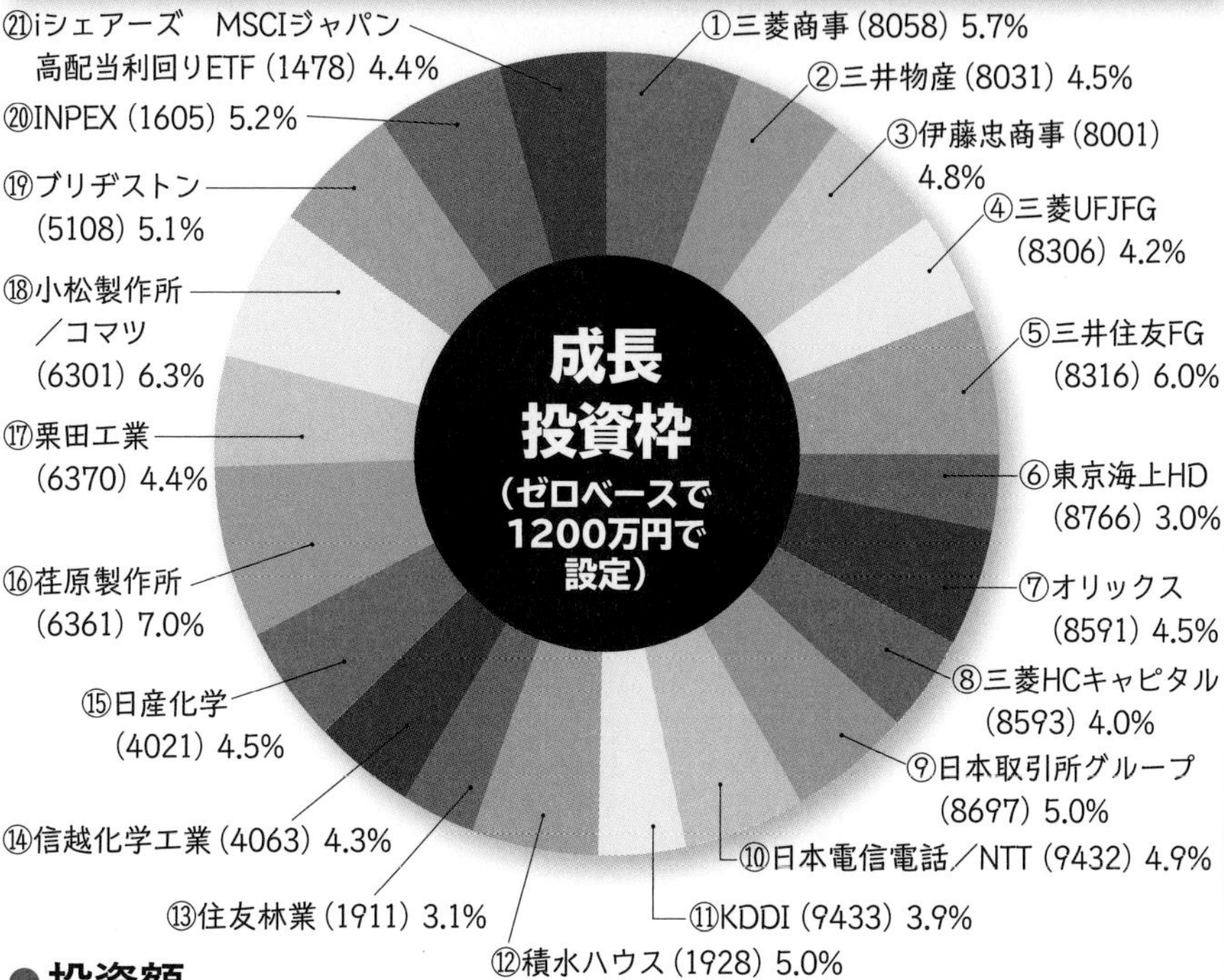

●投資額

①三菱商事 6886円×100株＝68万8600円
②三井物産 5392円×100株＝53万9200円
③伊藤忠商事 5738円×100株＝57万3800円
④三菱UFJFG 1255円×400株＝50万2000円
⑤三井住友FG 7258円×100株＝72万5800円
⑥東京海上HD 3648円×100株＝36万4800円
⑦オリックス 2698.5円×200株＝53万9700円
⑧三菱HCキャピタル 964.4円×500株＝48万2200円
⑨日本取引所グループ 3019円×200株＝60万3800円
⑩日本電信電話/NTT 173.1円×3400株＝58万8540円
⑪KDDI 4625円×100株＝46万2500円
⑫積水ハウス 3029円×200株＝60万5800円
⑬住友林業 3774円×100株＝37万7400円
⑭信越化学工業 5212円×100株＝52万1200円
⑮日産化学 5393円×100株＝53万9300円
⑯荏原製作所 8371円×100株＝83万7100円
⑰栗田工業 5238円×100株＝52万3800円
⑱小松製作所/コマツ 3772円×200株＝75万4400円
⑲ブリヂストン 6098円×100株＝60万9800円
⑳INPEX 2090円×300株＝62万7000円
㉑iシェアーズ MSCIジャパン高配当利回りETF 3170円×168口＝53万2560円
合計 1199万9300円
（※株価は1株当たりの金額）

私が初心者で今からゼロベースで1200万円投資する場合のポートフォリオ

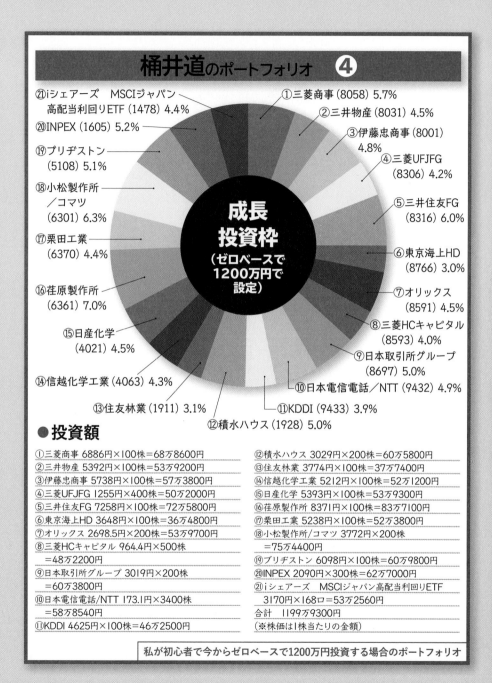

不安要素を残さないためには、「じぶん年金」（＝高配当株および増配株から配当金を受け取る）がベストであると考えます。

配当金の良いところは、自ら利益確定をせずとも自動的にかつ定期的に（年1～4度）入金されること、その額がある程度予想できること、再現性が高く、持続可能であること、取り崩さないので資産枯渇不安とは無縁であることです。

個別株にはリスクがありますが、10～20銘柄保有することでリスク分散が可能です。それでも怖いなら、銘柄を20より多くすれば良いし、それでも怖いと思うなら東証ETFを使う手もあります。東証ETFなら投資信託と同じく1本保有するだけで十分な分散効果があります。ETFは、構成銘柄から配当があれば、原則として、自動的に再投資されることはなく投資家に分配するのがルールなので、「じぶん年金」となり得ます。

資産形成期はお金を効率良く増やすことに集中して良いですが、目標資産額になったら、いかに守るか「出口戦略」も意識してほしいと思います。投資法は、資産額や年齢とともに移ろうものだからです。

新NISAは、「運用期間の無期限化（恒久化）」「投資上限額が1800万円に増額」「非課税枠の再利用が可能」「『つみたて投資枠（旧・つみたてNISA）』と『成長投資枠（旧・一般NISA）』が併用可能」など、旧NISAの弱点をほぼ解消した「神NISA」です。人生のゲームチェンジャーとなり得るため、使わない手はないでしょう。

eMAXIS Slim 米国株式（S&P500）

●**基準価額** 2万4121円

●**純資産総額** 2兆9490億500万円

●**買付手数料** なし

●**管理費用（含む信託報酬）** 0.09372％以内

●**運用（委託）会社** 三菱ＵＦＪアセットマネジメント

●**設定日** 2018年7月3日

●**運用方針**

「S&P500インデックスマザーファンド」への投資を通じて、主として対象インデックスに採用されている米国の株式に投資を行い、信託財産の1口当たりの純資産額の変動率を対象インデックスの変動率に一致させることを目的とした運用を行う。原則、為替ヘッジを行わない。

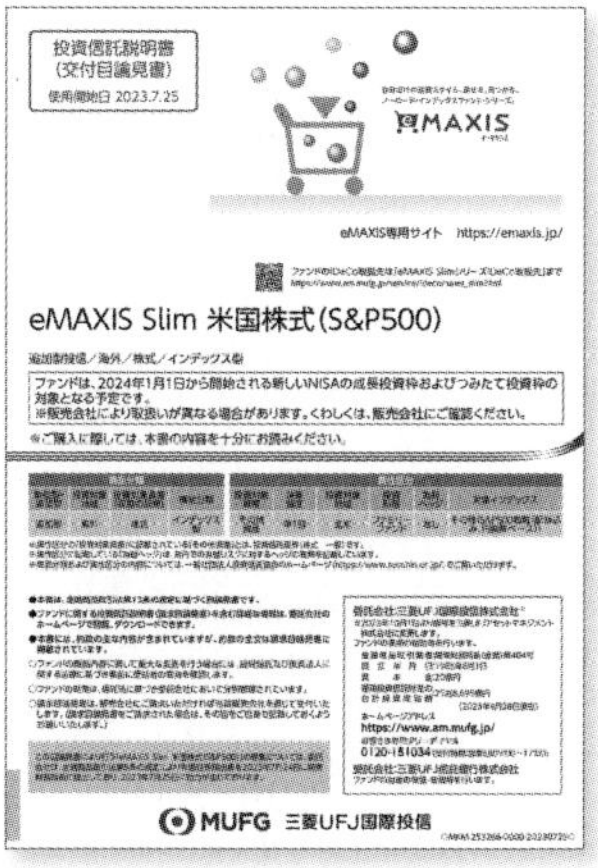
投資信託説明書
（交付目論見書）
使用開始日 2023.7.25
eMAXIS専用サイト https://emaxis.jp/
eMAXIS Slim 米国株式（S&P500）
追加型投信／海外／株式／インデックス型
ファンドは、2024年1月1日から開始される新しいNISAの成長投資枠およびつみたて投資枠の対象となる予定です。
※販売会社により取扱いが異なる場合があります。くわしくは、販売会社にご確認ください。
※ご購入に際しては、本書の内容を十分にお読みください。
MUFG 三菱UFJ国際投信

（楽天証券のデータより／2023年12月12日現在）

【参考】その他の全米株式（S&P500）インデックスファンドと手数料比較

	楽天・S&P500インデックス・ファンド	たわらノーロードS&P500	はじめてのNISA・米国株式インデックス（S&P500）
運用会社	楽天投信投資顧問	アセットマネジメントOne	野村アセットマネジメント
信託報酬（税込み）	0.077％	0.09372％	0.09372％

（楽天証券のデータより／ 2023年12月12日現在）

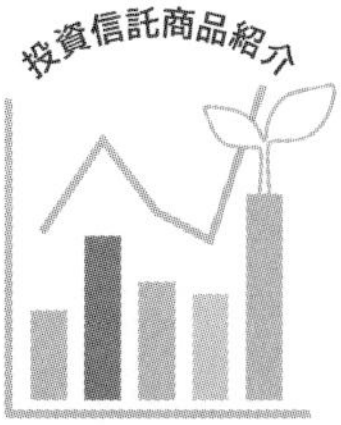

億り人が作成した新NISA最強ポートフォリオ

全世界株式で積み立て
成長枠は攻めと守りの両面から

www9945

バランス型
ポートフォリオ

www9945
50代の専業投資家。年収300万円の清掃業時代に株式投資を始め、現在は運用資産約6億円(2023年11月末現在)。街角ウォッチで投資のヒントを拾い、中毒性のある(やめられない)商品に目をつけるなど、自身の嗅覚を信じた投資手法で知られる億り人。

最速で限度枠を埋めるシンプルかつ堅実なポートフォリオ

今回のポートフォリオは、あくまでも自分の年齢(50代)で自分の資産に占める新NISAの割合を考えればという前提で作成しました。

ポートフォリオには2つのパターンを用意しました。保守的なポートフォリオと、保守的ではない「攻め」のポートフォリオです。

まず「保守的なポートフォリオ」は、最速で限度枠を使い切ります。年齢を考えた場合、最速のほうが、無税となる受取配当金やキャピタルゲインの額が多くなるという単純な理由です。

「つみたて投資枠」では、毎月10万円×12カ月×5年間＝600万円投資します。銘柄は三菱UFJアセットマネジメントの「eMAXIS Slim 全世界株式(オール・カントリー)」1本です。

www9945のポートフォリオ　保守的編

●投資額

毎月10万円
（1年＝12カ月で120万円）
5年間の積み立てで
生涯限度枠一杯の600万円

●投資額

①ペプシコの株価＝168ドル
（約2万5000円）
48株購入で約120万円
②日本電信電話の株価＝173円
69株（100株単位）購入で
約119万円
①＋②で年間投資枠240万円を
ほぼ限度額一杯まで使い切る

「eMAXIS　Slim」という商品を購入する際、ほとんどの人は「全世界株式（オール・カントリー）」か「全米株式」のどちらかを選択するでしょう。私の場合は、オール・カントリーを選択しました。理由は30数年前の1990年、日本株が世界の時価総額のトップ20位のほとんどを占めていたのに、現在は時価総額トップのトヨタ自動車（7203）がようやくトップ100（39位）に入っているのみだからです（2023年3月末現在）。この日本の衰退ぶりを考えると、現在好調な米国株のみに投資するS&P500インデックスなども将来的なリスクを考えなければいけないと思うからです。

また、「神7（神セブン）」「M7（マグニフィセント・セブン）」と呼ばれるアップル、アルファベット、マイクロソフト、アマゾン・ドット・コム、メタ、テスラ、エヌビディアで構成される株式市場の7社が、近年特にその存在感を増しており、S&P500に占める割合もこの7社で3割に達し、指数全体へ与える影響も高まっています。

この、ある意味ゆがんだ構造がかつての日本の株式の構造を彷彿とさせ、不安材料になっているため、全米ではなく、全世界の株式に分散投資するオール・カントリー1本に絞りました。

年間の投資枠をきっちり使い切る裏技

積み立て金額は毎月10万円ですが、実際は、毎月10万円を積み立てていくのが大変だという人も多いと思います。そういう私自身も、常にフルインベストメントでキャッシュを持ち合わせていないので、毎月10万円の積み立ては少々厳しいです。そのため、配当を原資にして新ＮＩＳＡの限度枠を一括で使い切る方法も考えています。

その際、これは裏技的な話になりますが、私が利用しているＳＢＩ証券には、積み立て枠の設定によって、10円も余すことなく一括で新ＮＩＳＡの「つみたて投資枠」の年間限度額を使い切る方法などがありますので、ぜひ活用してみてください。

一括で支払うメリットは、単純に右肩上がりで市場が成長していった場合、10年後、20年後には積み立ての場合よりも得られる利益が大きくなるということです。ただ、裏を返せば、今後市場が下落基調になった場合は、損失も大きくなりますので注意が必要です。まあ、私が選択した「オール・カントリー」を購入しておけば、手堅く成長していくとは思っています。

保守的ポートフォリオの成長枠は日米の大企業で

次に「成長投資枠」ですが、こちらは米国株ではペプシコ（ＰＥＰ）を選択します。ポテトチップス、ドリトスなどのスナック類、ペプシコーラの甘い炭酸飲料、トロピカーナジュースなどを傘下に置く世界第2位の飲料メーカーです。そして、なんと51年連続増配銘柄！ さらに、ほぼ毎年10％前半の営業利益率を叩き出しており、安定感が抜群です。超・長期的に保有してもいい銘柄だと思っています。

私がペプシコを買う理由は、現在受け取っているドル建ての受取配当金を円に換えず、そのままドル建て米国株に使用したいという理由もあります。また、これは余談ですが、ペプシコの商品はペプシコーラをはじめとして、習慣性（中毒性といってもいいかもしれませんが）のあるスナック菓子などが豊富にそろっています。そしてペプシコの株価が上がる一方で肥満治療薬のイーライリリー（LLY）や糖尿病治療薬のノボ・ノルディスク（NVO）などの株価が上昇しているのも、あながち無関係ではないのだろうな、と見ています。そこでペプシコとイーライリリーをセットで買うという選択肢も出てきますが、ここでは話をシンプルにするために、ペプシコ1本に絞ります。

もう1つは、日本電信電話（NTT／9432）です。同社は2000年以降、横ばいを挟みながら23年間増配を続けています。3％をやや下回るくらいの配当利回り（2・89％）、PERは11・8倍という低さです（2023年12月5日現在）。

今後のNTT法改正の方向性はまだ見えませんので、政府が保有するNTT株がいつ放出されるか、あるいは完全民営化されるのかということは何ともいえません。しかしここ2～3年、増益率がやや上がってきています。

時価総額などの売買のしやすさ、流動性、特に2023年の株式分割で株価は170円台という売買しやすい価格になりましたので、年間240万円という枠をぎりぎりまで使えるでしょう。

後で説明しますが、年間240万円の限度枠は、月々10万円ずつ積み上げていく「つみたて

ペプシコの株価推移（月足）

ペプシコの業績推移

決算期	売上高	営業益	経常益	最終益	修正1株益	1株配
△2014年12月期～2017年12月期を表示						
2018.12	64,661	10,110	9,189	12,559	8.78	3.59
2019.12	67,161	10,291	9,312	7,353	5.20	3.79
2020.12	70,372	10,080	9,069	7,175	5.12	4.02
2021.12	79,474	11,162	9,821	7,679	5.49	4.25
2022.12	86,392	11,512	10,705	8,978	6.42	4.53
前期比	＋8.7	＋3.1	＋9.0	＋16.9	＋16.9	

増収増益を続けている

出典：「株探」(https://kabutan.jp/)

投資枠」ではカッチリ使い切ることができますが、「成長投資枠」で個別株などを買った場合、どうしても限度枠一杯まで使い切れず、枠が数万円単位で余ってしまうことがあります。そういうときでも、170円台の株価のNTTは、単位株（100株）で買っても1万7000円台ですから、余った限度枠の「隙間を埋める接着剤」として活用することもできます。

ここに挙げた「成長投資枠」の2銘柄は、流動性が高い日米の連続増配&非減配銘柄狙いになります。これと「つみたて投資枠」のオール・カントリーの組み合わせは非常にシンプルで、初心者でもそのまま使えるポートフォリオとしてお勧めできます。

攻めの成長枠で厳選した個別銘柄とETF

次に紹介するのは、保守的ではない「攻めのポートフォリオ」です。

まず「つみたてNISA」に関しては、「保守的なポートフォリオ」とは同じく、オール・カントリー一択です。投資信託も株式、債券、REITなどさまざまな商品で構成されており、また、インデックスファンドかアクティブファンドかという選択肢もありますが、ここでの選択は株式というセグメントで、比較的リスクの低いインデックスファンドにしました。毎月10万円×12カ月×5年間=600万円投資します。

次に、成長投資枠で最初に組み入れたいのは、ソニー（ソニーグループ/6758）です。セグメント別の売上高順位は、エンターテインメント（ゲーム含む）事業、音楽、半導体、金

www9945のポートフォリオ　攻め編

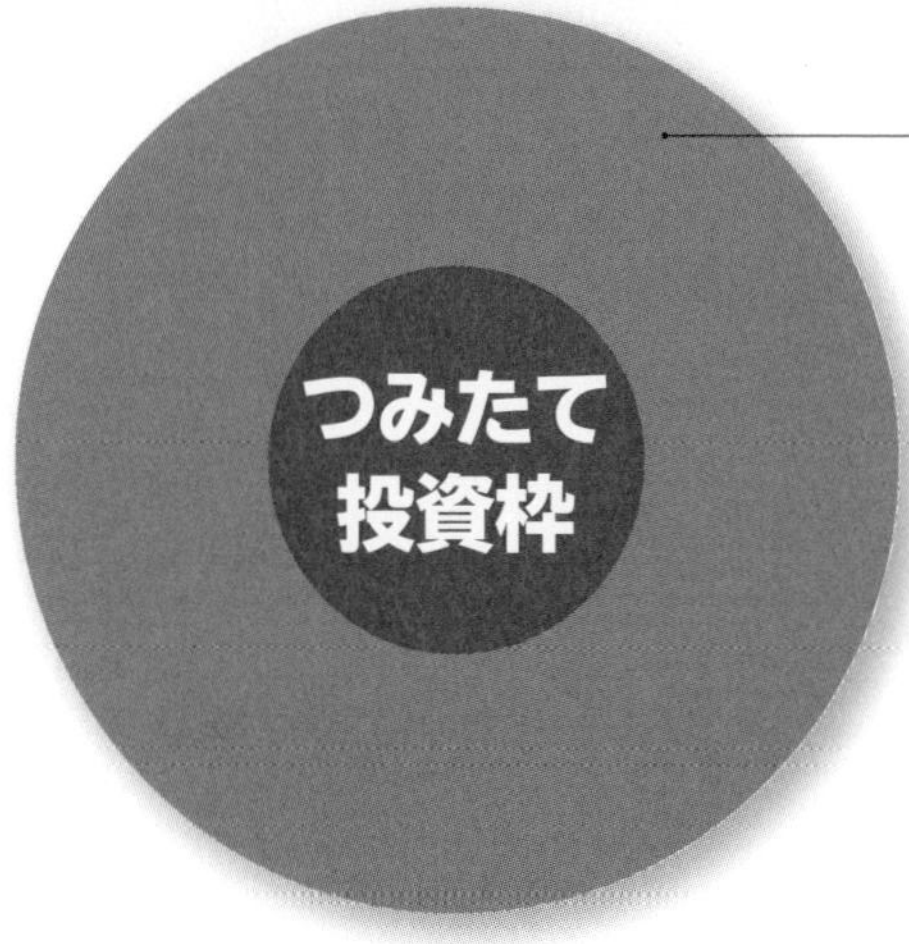

●投資額

毎月10万円
（1年＝12カ月で120万円）
5年間の積み立てで
生涯限度枠一杯の600万円

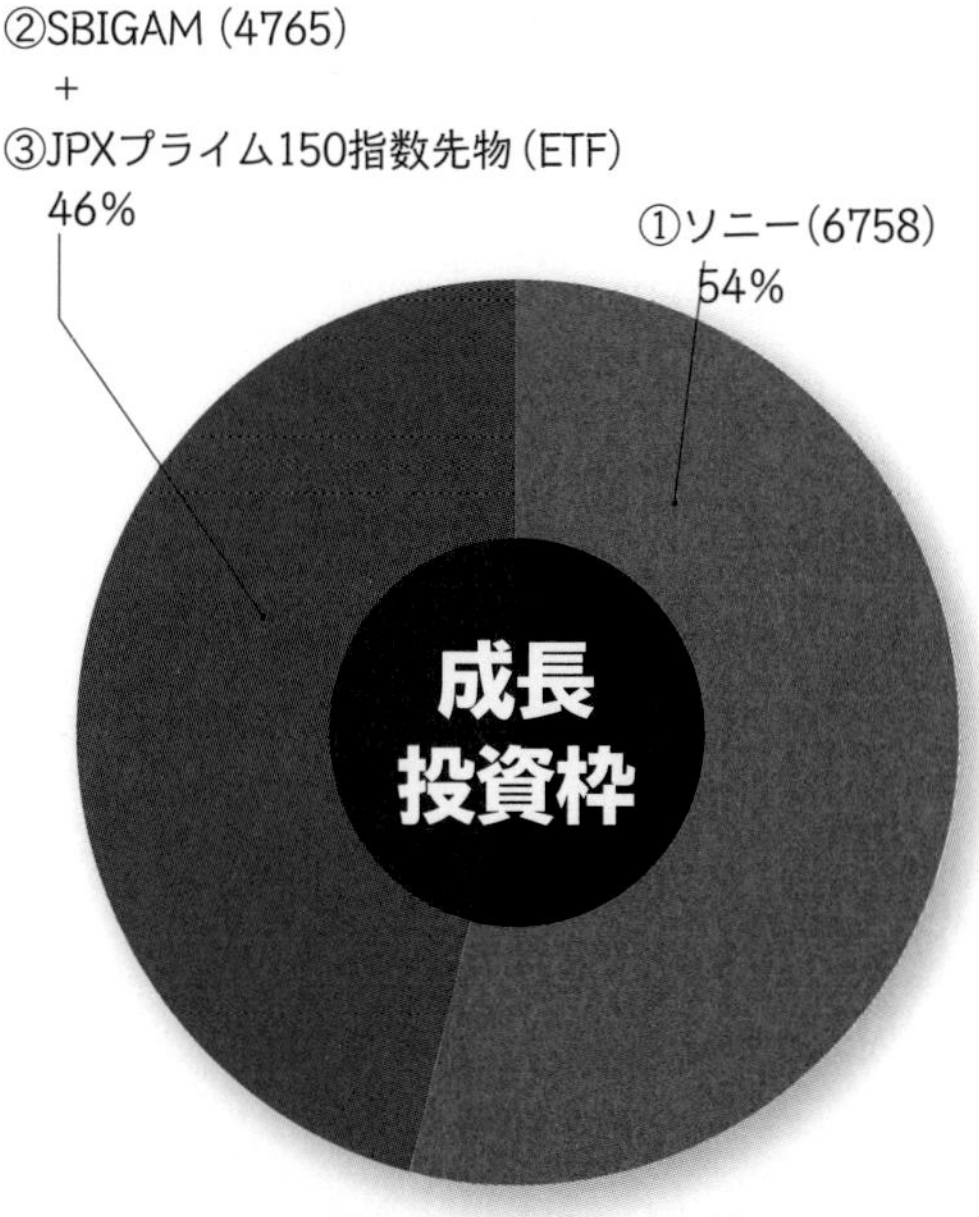

●投資額

①ソニーの株価＝1万3090円
⇒1株（100株単位）購入で
約130万円
②ＳＢＩ
グローバルアセットマネジメント
（GAM）の株価＝592円
⇒1株（100株単位）購入につき
約5万9200円
③JPXプライム150指数
先物（ETF）
（価格未定）
①＋②＋③で年間投資枠240万円をほぼ限度額一杯まで使い切る

融、映画、音響の順になっています。またＩＰを活用してゲーム分野に研究開発費を一番多く投入しています。

さらにソニーの良いところは、時勢に合わせて事業ポートフォリオを変化させていることです。日本はパイが少ない分野に高いシェアを有する会社が非常に多いですが、ソニーは大きなパイの中で戦っています。特に音楽部門の営業利益率は20％近くあり、売上はエンターテインメント部門には劣りますが、効率良く稼いでいます。音楽分野で世界的に稼いでいるのはユニバーサル、ソニーエンターテインメント、ワーナーの順ですが、その版権も含めて今後の可能性が膨らみます。

この会社の活躍ぶりからすると、ＰＥＲ＝18倍は低すぎるように感じますが、これはコングロマリットディスカウントで、株価的にはやや評価不足といえるでしょう。１つの難点は値がさ（株価水準が高い）株になってしまっているところで、単位株（１００株）で１３０万円しますので、ＮＴＴのように株式分割をしてくれれば、もっと買いやすくなるのですが……。

もう1つは「ＪＰＸプライム１５０」です。まだETFと投信は発売されていませんが、２０２４年3月18日に「ＪＰＸプライム１５０指数先物」が大阪証券取引所に上場されると発表されています。先物が上場すれば、ＥＴＦと投信が販売されないことはありません。

「ＪＰＸプライム１５０」というのは、大型グロース１５０銘柄で、現在効率良く稼いでいる会社を集めています。株主の資金でいかに効率良く利益を上げているかという資本効率性の指標にはＲＯＥを、市場評価の指標にはＢＰＳを用いています。２０２３年11月末現在でＲＯＥ＝15・２％、ＰＢＲ＝２・６倍、時価総額中央値１・５兆円と、Ｓ＆Ｐ５００と比較しても遜色ない数字を出しています。

「成長投資枠」のもう1つは、ＳＢＩグローバルアセットマネジメント（４７６５）です。ここはＳＢＩ証券のＳ＆Ｐ５００インデックスなどのインデックスファンドが拡大すればするほど信託報酬で儲かる仕組みになっています。手数料無料化など、次々にインパクトのある制度を打ち出しているＳＢＩ証券には、現在、保管振替で続々と資金が集まっています。

この「勝ち組証券」のインデックス投資は、新ＮＩＳＡでさらに急拡大することでしょう。配当利回り３・４％と、優待５００株でリップル1万円分が貰える特典も、今後人気を集める要因になるでしょう。

以上が私の考えた「保守的」「攻め」の両方のポートフォリオですが、見てわかる通り非常にシンプルで、選択理由も判断しやすいので、初心者にもそのまま使っていただいて大丈夫な内容になっていると思います。

新ＮＩＳＡを「神ＮＩＳＡ」などと呼んでいる人もいますが、まさに資産運用を行うに当たり、この非課税制度を利用しない手はないと思います。その意味では、初心者は必ずしも枠を使い切れなくてもいいので、まずは少額から始めて、徐々に経験を積みながら投資額を増やしてみてはいかがでしょうか。

億り人が作成した新NISA最強ポートフォリオ

超シンプル！ 新NISA両枠を使い eMAXIS Slim 米国株式に100%投資

さとりん

超・バリュー型
ポートフォリオ

さとりん
投資歴23年の個人投資家。2000年から株式投資を開始。アベノミクス当初の2013年1月、保有株が値上がりし、気がつけば「億超え」を達成。投資スタイルは割安成長株に投資する収益バリュー投資。

日本株の「割安成長株投資」で億超え資産を築く

私が株式投資を始めたのは2000年で、世界の株式市場がITバブルに沸いていたころでした。それから約23年が経ち、運用資産は億を超えています。

運用資産のアセットアロケーションは、日本株50％、ADR（米国株式市場に上場している非米国株）と金価格に連動するETFを含む米国株45％に、現金5％としています。日本株と米国株がおおよそ半分になるように維持しているのは、それぞれの特性に合わせて、運用方針を変えているからです。

折々の経済の風向きに応じて、日本株・米国株それぞれの値動きがずれることによって、それぞれの良い局面が相対的に劣後しているほうを補完する分散投資の力が働きます。投資国の分散に加え、運用手法も分散になります。結果、運用ポートフォリオ全体のリス

さとりんのポートフォリオ　保守的編

eMAXIS Slim 米国株式 100%

●投資額

初年度に120万円

【投資目標】

目標は2046年末に3000万円を作ること。「つみたて投資枠」と「成長投資枠」に最短の5年で投資した1800万円が1500万円になっていたとしても、その後の18年間に年率4%のリターンで運用できれば3000万円に到達する。

eMAXIS Slim 米国株式 100%

●投資額

初年度に240万円

クが下がり、長期・安定的に資産を成長させていくことができると考えています。

運用方針が定まったのは2008年に起こったリーマン・ショックのころで、高配当株の運用を始めました。その後、高配当株に加えて成長性を加味した割安成長株の運用に転じ、現在でも継続しています。

中でも多く保有しているのは、小売業に特化した物流および宅配の「桃太郎便」を手がけているAZ-COM丸和ホールディングス（9090）と、損害保険で断トツトップの東京海上ホールディングス（8766）です。

前者は2021年3月期と2024年3月期予想の比較で、売上高・営業利益ともに8割前後の成長を見込み、毎年10%を超える急速増配を続けています。後者はゆるぎない国内首位の座に加えて海外売上が4割を超えるグローバル企業であり、堅実な増収増益・増配と3%超えの高配当利回りを誇ります。

このように、日本株全体で割安性と成長性の両方を兼ね備えたポートフォリオを組んでいるわけです。

リスクを大きく取るより堅実さを重視

割安性の指標は、PER（株価収益率）やPSR（株価売上高倍率）を見ています。

PERは割安に注目するバリュー投資では良く使われる指標ですが、PSRは成長株の投資に良く使われる指標です。この値が低いほどが株価パフォーマンスが良かったという過去データがあったため、ＰＳＲが高い銘柄に投資しないようにしています。この2つの指標を併用して、ただ高配当・割安なだけではなく、増収増益基調にあるが株価が高すぎない企業を選別するようにしています。

企業が持つ資産価値に対して株価が割安な銘柄に投資することが「資産バリュー投資」だと考えています。これに対して、企業収益に対して株価が割安かつ高配当な企業を投資対象にしています。

コロナ禍が起こってからはや3年が経過し、この間に私たち投資家は、米国巨大ＩＴに代表されるハイテク成長株の壮大なブームを経験しました。

実際のところ、このような超成長株ブームでは私が手掛けている割安成長株投資はさほど伸びず、Ｓ&Ｐ５００やナスダック１００といったインデックスについていくことはできません。その代わり、２０２２年の金利上昇を背景とした成長株の崩壊相場や、今後くる可能性がある景気後退、あるいは巨大な経済ショックがきたとしても、インデックスに比べるとはるかに下値抵抗力があるのが、割安成長株投資の特徴です。

下落相場や金利上昇相場など、世の中の多くの投資家が苦しむ局面でじわじわと差をつけ、長期で勝つ割安成長株投資は、リスクを大きく取るより堅実さを重視する私の性格に合っている手法です。私と同じような性格の個人投資家には、フィットしやすい投資法だと思います。

ゴールデンバタフライポートフォリオで安定運用を確保

米国株は現在、13銘柄保有しています。中でも保有額が大きいのは、米国内タバコ大手メーカーで配当利回り9％超えを誇るアルトリア（MO）と、軍需や航空宇宙関連の世界的メーカーでROEが驚異の55％に達しているロッキード・マーチン（LMT）です。

個別銘柄ではこの2社が大きいのですが、このほかにETFへの投資比率も増やしています。ETFの運用に関しては、個人投資家のTyler氏が考案した「ゴールデンバタフライポートフォリオ」という資産配分方法があります。ゴールデンバタフライポートフォリオの中身は89ページの図の通りです。国内ネット証券で買える、米国のETFを使って運用しています。

バタフライの由来は、株式40％と債券40％を羽根に見立て、金20％を頭に見立てているのだとか。一般に株式と債券は値動きが異なり、債券は株式が不振なときのクッションになってくれます。さらに金は株式とも債券とも値動きが異なるため、値動きの波を効率良く打ち消す力を持ちつつ、これも長期的には右肩上がりです。

この3資産のバランスを保ち続けることで、景気や物価、金利のあらゆる動きに対して対応できる、全天候型のポートフォリオといえるでしょう。運用資産全体の約12％をゴールデンバタフライポートフォリオで運用しています。

例えプロの投資家であっても、経済や株式市場の波を捉える「タイミング売買」で勝ち続けることはほぼ不可能とされています。高値掴みの安値売りを繰り返していては、勝てるものも勝てません。運用資産全体の中で、このゴールデンバタフライポートフォリオを利用して安定した収益を確保し、かつ外貨建て資産を増やします。残りの資産を個別株で積極運用してさらに収益を追求します。

相続のしやすさも考えて、米国株ファンド一択投資

新ＮＩＳＡは個人投資家にメリットしかない制度改正で、特に投資枠が総額１８００万円まで増えたのは非常にありがたいことです。売却した後、翌年に枠が復活する点も便利です。

実は、最短の5年で使い切るか、長い時間をかけて積み立てていくかはまだ迷っています。投資効率を重視するなら、最短で使い切るのがベストです。

ただ、近い将来、日米で景気悪化がやってくる可能性があるので、資本投下のタイミングを決めかねているわけです。現状では、とりあえず来年は３６０万円を投下しようと考えています。

新ＮＩＳＡで行う投資ポートフォリオは、83ページに示したように、ｅＭＡＸＩＳ Ｓｌｉｍ米国株式１００％です。つみたて投資枠と成長投資枠の両方で同じファンドに投資します。

まず、ポートフォリオを作成した際の基本的な考え方から説明します。

私は、自分自身の老後生活を豊かにするために、または、自分に介護が必要になった際の費用にあてるための資金作りに新ＮＩＳＡを利用します。それは、私が死んだ後に家族に不自由をさせない資金を残すためでもあります。投資期間は、２０２４年から２０４６年末までの約23年間を想定しています。目標は２０４６年末に３０００万円を作ることです。

仮に、つみたて投資枠と成長投資枠に最短の5年で１８００万円投資したとします。もし、5年後に投資残高が１５００万円になっていたとしても、その後の18年間に年率４％のリターンで運用できれば３０００万円に到達します。あまり、考えたくはないですが、もし、投資残高が１２００万円まで減っていたとしても、その後の18年間に年率５・３％のリターンで運用できれば３０００万円に到達できる計算です。

米国株式１００％としたのは、私の個人的な理由です。

そもそも運用ポートフォリオは、すでに保有している資産も含めて考える必要があります。ＮＩＳＡだけを別枠に扱う意味はありません。

現状、私の投資資産に占める日本円建て資産の割合は、外貨建ての資産より大きくなっています。そのため、新ＮＩＳＡでは米国株式ファンドを購入し、外貨建て資産の比率を高めます。当面は、比率が50：50になるようにします。投資利益に対して課税されないＮＩＳＡのメリットは、債券や金に比べて利益をより大きく伸ばす力のある株式投資において最も発揮されるため、株式ファンド一択です。銘柄を考えるのが面倒なので、低コストで米国株市場に幅広く投

さとりんのポートフォリオ　（参考）

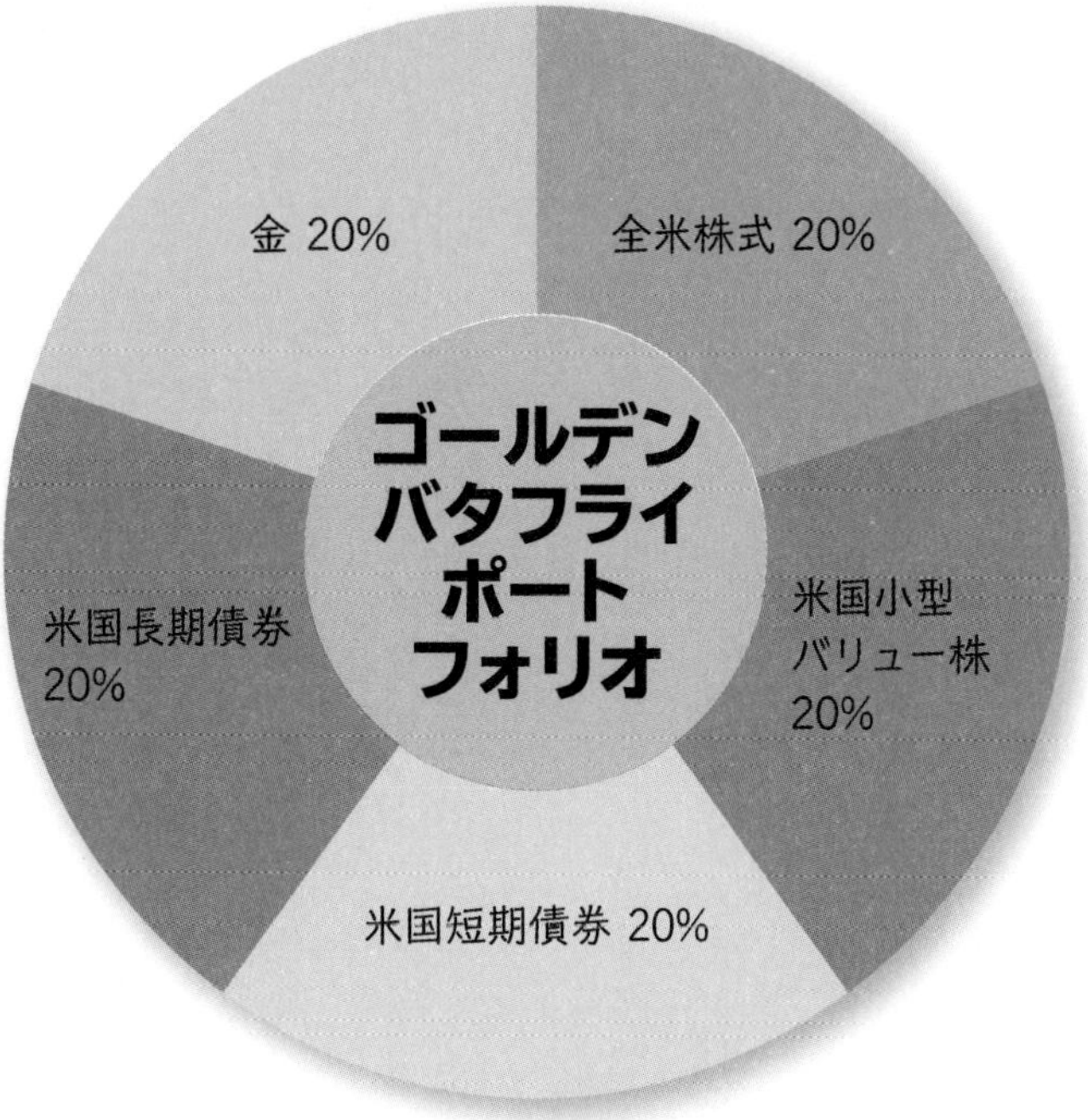

●投資比率

全米株式　20%
米国小型バリュー株　20%
米国短期債券　20%
米国長期債券　20%
金　20%

ポートフォリオを蝶（バタフライ）に見立てた

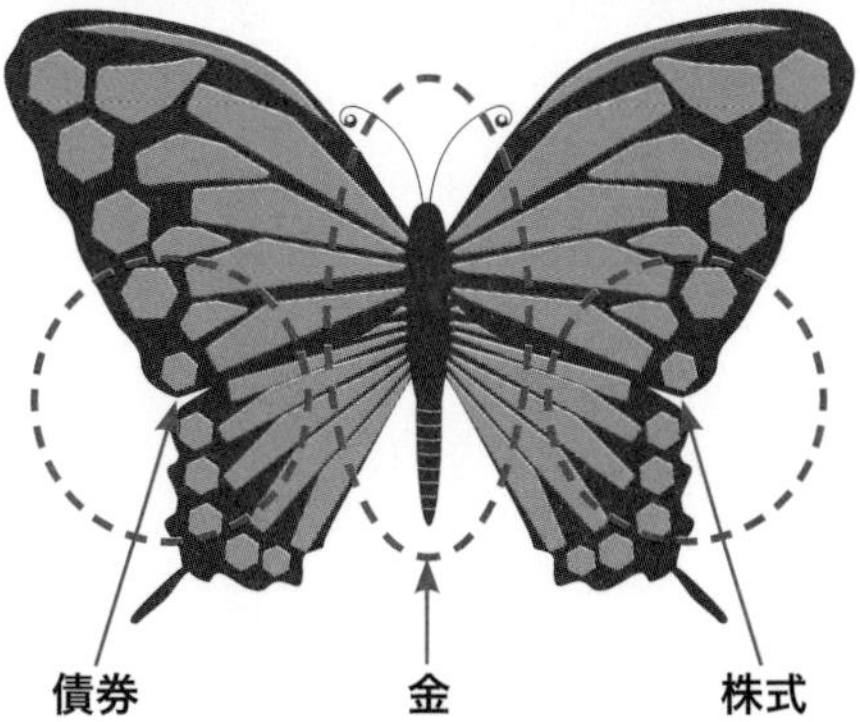

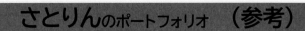

資できるインデックスファンドを選択しました。米国株式ファンドでゴールデンバタフライの全米株式を置き換え、全米株式の売却代金でその他の４つのＥＴＦを購入します。

なぜ米国株一択で良いのか

近年、全世界株式に投資する投資信託の「オルカン」（ｅＭＡＸＩＳ Ｓｌｉｍ 全世界株式／オール・カントリー）への投資を資産形成の王道とする風潮が強くなっています。私の場合に当てはめれば、新ＮＩＳＡでは「日本株を除く全世界株式」ファンドを購入すべきということになりますが、私は日本以外の国の株式の中では、米国株一択で良いと考えています。

まず、懸念が大きいのは新興国株式です。

新興国の経済成長は先進国に比べて著しく、それは今後も当分変わらないでしょう。とはいえ、その成長の恩恵は新興国の企業より、むしろグローバルに進出している米国企業への投資で十分に取れると考えています。

そして、新興国は先進国と必ずしも国家運営における価値観を共有していないことも気掛かりです。現在のロシアのように先進国から経済制裁を受けるような羽目に陥ることもありますが、それ以上にロシア株の投信やＥＴＦの売買が停止になったことや無価値になってしまったことを恐れています。

その際に、新興国の企業に投資していれば逃げ場はありません。一方、米国のグローバル企業であればあくまでも新興国は一部門に過ぎませんから、そのようなカントリーリスクが実現した際のダメージを少なく抑えることができると考えています。

続いて日米以外の先進国についてですが、人口動態に鑑みて投資しなくても良いと判断しました。

消費動向に最も影響が高いといわれる、30～54歳の人口が増えているのは、先進国の中では米国だけです。つまり、米国以外の先進国の内需にはリスクがあり、経済の成長性に疑問符がつきます。同時に、米国以外の先進国の内需関連企業は、人口減少による収益減少のリスクに直面せざるをえないということにもなります。

経済成長が弱まれば金利も低く抑えられ、その国の通貨も弱含むでしょう。これも米国株一択で良いと考える理由の1つです。

現在、米国株が割高になっている点は気掛かりではあります。日本株では割安成長株投資をしているわけですから、米国株だから割高で良いと考えるはずがありません。

それでも米国株ファンドに投資する理由は、現在米国株インデックスの上位を占めている10社の中で、1社も保有していないからです。成長性を考えれば、ファンドを通じて保有する程度であれば、割高な株であってもポートフォリオに入れておいて良いと考えています。例えば自分の判断で、個別株としてテスラを買えるかというと明らかにムリなので、ファンドに入っているくらいでちょうどいいわけです。

この先、米国の小型割安株に投資する低コストのインデックスファンドが発売になれば、米国ＥＴＦから乗り換えようと考えています。

新ＮＩＳＡは「利用する」もの。リスクの取りすぎに注意

新ＮＩＳＡではＥＴＦを購入することも可能です。ただし、ＥＴＦのみでポートフォリオを組むと、１円単位まで使い切ることができません。米国株であればＥＴＦでもファンドでもコストはほとんど変わらないので、ファンドを利用しましょう。

米国株に投資するファンドの中では、純資産総額が最も大きいｅＭＡＸＩＳ Ｓｌｉｍ米国株式が最善の選択となります。このシリーズは同じインデックス（Ｓ＆Ｐ５００）に投資するファンドの中で、常に信託報酬を最低レベルに保つという方針を公表しています。インデックス投資が盛り上がれば盛り上がるほど、自動的にコスト削減が進む優れた商品です。

つみたて投資枠と成長投資枠の両方で同じファンドを購入します。すでに個別株のポートフォリオを管理しているため、ＮＩＳＡを利用するからといって、さらに管理銘柄を増やすことは考えていないからです。

先述したように、私の場合は自分の老後資金に加えて、自分が死んだ後に残された家族が利用できる資金作りを考えています。つまり相続を考慮する必要があるわけで、個別株ポートフォリオを増やすことになっては指示が面倒になってしまいます。

このような使い方を考える人は、新ＮＩＳＡではシンプルなポートフォリオにすることが望ましいといえるでしょう。

ここまで私自身の新ＮＩＳＡの使い方について述べてきましたが、最後にお読みくださった皆様に、アドバイスをお伝えしたいと思います。

どなたにも参考にしていただける情報かどうかということですが、ポートフォリオ自体は世界で最も利用されているインデックスである、Ｓ＆Ｐ５００に連動するファンドに１００％投資することになるので、人によって好みはあれど、まず問題はないでしょう。ちなみに、低コストのメリットを重視してインデックスファンドに投資する人は、証券会社によって異なるポイント付与率も見て、投資するファンドを選びましょう。

注意すべきは「リスクの取りすぎ」にならないかどうかです。

まず、新ＮＩＳＡで投資する金額は保有資産全体を見越して割合を決める必要があります。

そして、まだ保有する資産が少ない人や、これから資産形成を始める人の場合は、全資産を株式のような値動きの激しいリスク資産に注ぎ込むのは望ましくありません。生活を安定させるための資金を貯めることが第一です。その部分をおろそかにして株式市場にすべてをベットしたあげく、不測の経済ショックなどで含み損を抱えて身動きが取れなくなり、生活に支障が出ては元も子もありません。

同時に、普段の生活で投資資金を捻出するために我慢ばかりしていては、人生設計上良くありません。投資をするメリットを過大評価して、生活を犠牲にしてしまってはデメリットのほうが大きくなってしまうのではないでしょうか。

実際に新NISAを活用するに当たって、ポイントになるのは、これまでのNISAと違って売却した分の投資枠が翌年には復活することです。もし購入銘柄やタイミングを誤ったと思ったら、手放して投資枠の復活を待てば良いわけです。だからといって、気楽に売買すれば良いというのは違うので、あくまでも投資は慎重に行いましょう。

先述した通り、すでに資金が手元にあるなら、少しずつリスク資産を購入していく積立投資よりも、適切なアロケーションを組んで一括投資をしてしまったほうが投資効率の面では有利です。ただし、2024年は米国FRBが利下げを開始することが見込まれており、それを前触れに景気悪化が始まれば、米国株の下落が予想されます。このシナリオに現実味を感じる人は、時期を分散して、複数回に分けて購入したほうが良いかもしれません。ただし、どんな方法を選んでも外れるときは外れるので、そのときは割り切ってじっと保有し続けることも必要です。

当たったときだけ喜べば良いというふうに気楽に考えて、長期投資を続けましょう。

eMAXIS Slim 全世界株式（オール・カントリー）

●基準価額　2万720円

●純資産総額　1兆7662億8500万円

●買付手数料　なし

●管理費用（含む信託報酬）　0.05775%

●運用（委託）会社　三菱ＵＦＪアセットマネジメント

●設定日　2018年10月31日

●運用方針

主として「外国株式インデックスマザーファンド」、「新興国株式インデックスマザーファンド」および「日本株式インデックスマザーファンド」への投資を通じて、日本を含む先進国および新興国の株式等（DR（預託証書）を含む）に投資し、MSCI オール・カントリー・ワールド・インデックス（配当込み、円換算ベース）に連動する投資成果をめざして運用を行う。原則、為替ヘッジは行わない。

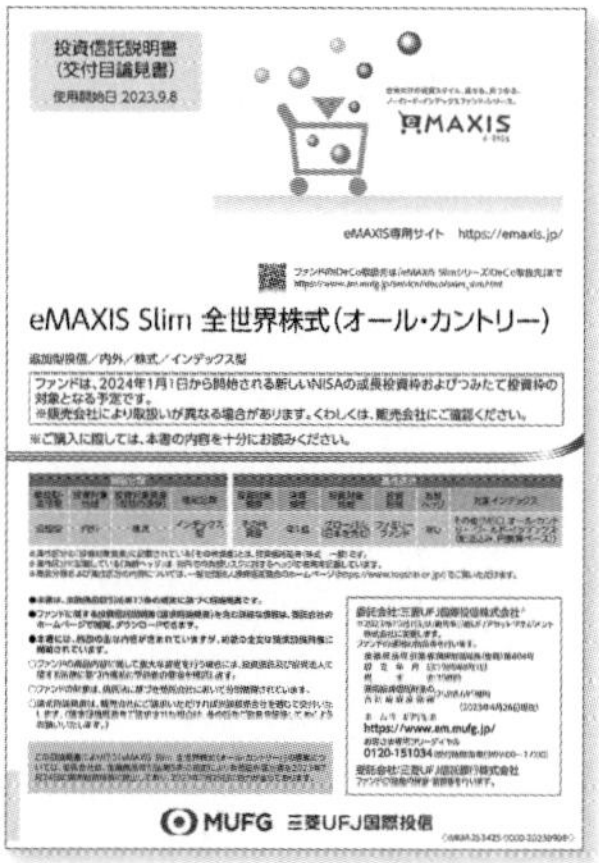
投資信託説明書
（交付目論見書）
使用開始日 2023.9.8

eMAXIS専用サイト　https://emaxis.jp/

eMAXIS Slim 全世界株式（オール・カントリー）

追加型投信／内外／株式／インデックス型

ファンドは、2024年1月1日から開始される新しいNISAの成長投資枠およびつみたて投資枠の対象となる予定です。
※販売会社により取扱いが異なる場合があります。くわしくは、販売会社にご確認ください。

※ご購入に際しては、本書の内容を十分にお読みください。

https://www.am.mufg.jp/
0120-151034

MUFG 三菱UFJ国際投信

（楽天証券のデータより／2023年12月19日現在）

eMAXIS Slim 全米株式（S&P500）については
71ページをご参照ください

億り人が作成した新NISA最強ポートフォリオ

3セクターを運用。高配当株中心に5年で50%程度のリターンを目指す

Akito

超・バリュー型
ポートフォリオ

Akito（アキト）
大学生の2000年、300万円を元手に株式投資を開始。一度全資産を溶かすが、再び300万円からリスタートし、インヴァスト証券への投資で7000万円ほどの利益を獲得。2014年に「億り人」の仲間入りを果たし、2023年末現在、運用資産約5億円。X（旧Twitter）：@Akito8868。

バリュー投資で資産5億円達成

私が株式投資で築き上げた運用資産は現在、5億円を超えています。その手法は、業績や資産に対して明らかに割安に放置されているセクター（業種）や銘柄に重点的に投資する「バリュー投資」です。

動きとしては、基本的には3カ月（四半期）ごとの決算のタイミングで、かねてから目をつけているセクターや銘柄をチェックしていきます。業績対比で明らかに割安であれば、その割安な状態がどのように解消されていくか、解消された際には株価がどのくらいまで跳ね上がるかというシナリオを想定したうえで、買いを入れます。買った後にすることはあまりなく、株価をチェックする程度で、基本的には「放置」です。

四半期ごとに決算を確認して、株価との対比で割安状態がどの程度解消されているか、業績はシナリオ通りに推移しているかといったポイントをチェックします。

Akitoのポートフォリオ

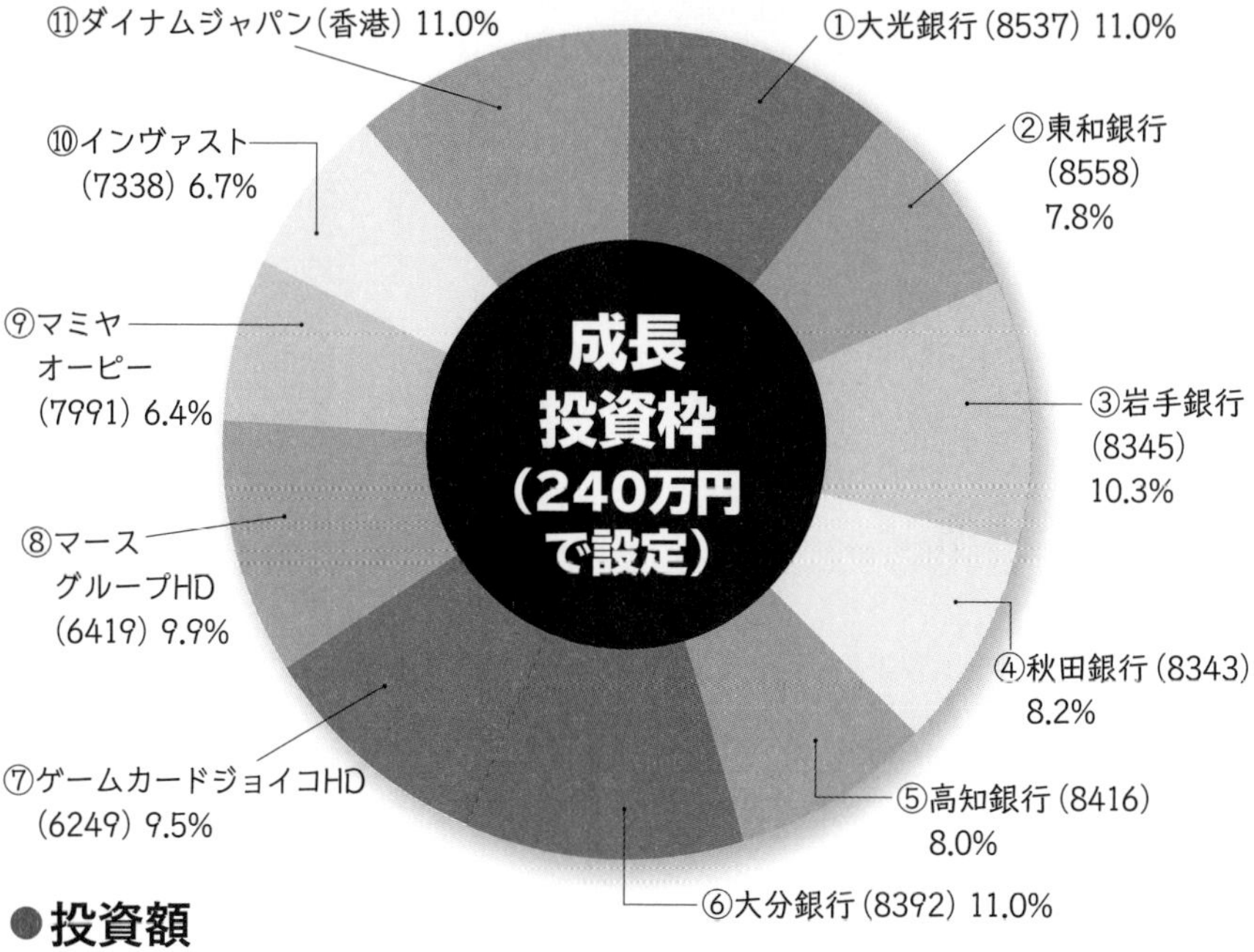

●投資額

①大光銀行 1308円×200株＝26万1600円
②東和銀行 622円×300株＝18万6600円
③岩手銀行 2475円×100株＝24万7500円
④秋田銀行 1977円×100株＝19万7700円
⑤高知銀行 964円×200株＝19万2800円
⑥大分銀行 2642円×100株＝26万4200円
⑦ゲームカードジョイコHD 2284円×100株＝22万8400円
⑧マースグループHD 2383円×100株＝23万8300円
⑨マミヤオーピー 1527円×100株＝15万2700円
⑩インヴァスト 808円×200株＝16万1600円
⑪ダイナムジャパン 87.5円×3000株＝26万2500円
合計 239万3900円
（※株価は1株当たりの金額、ダイナムは2023年11月30日の株価と為替レートで計算）

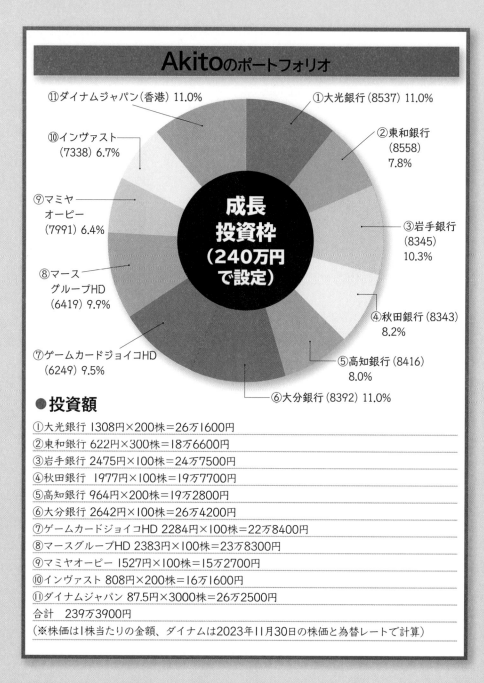

シナリオ通りに推移していれば保有を継続することになりますし、すでにシナリオを完遂して旨味がなくなっていたり、逆に想定外の推移をたどっていたりする場合には、いさぎ良く売却します。想定通りのシナリオで推移し続けた結果、数年単位の長期にわたって保有する銘柄もあります。

銘柄の割安度を判定するときは、セクターの平均ＰＥＲを手計算ではじき出し、それと比べる方法を取っています。ＰＢＲが低いことも大事です。

同時に過去の決算にも目を通し、売上高の伸び率を確認しておき、四半期ごとの業績チェックの目安を作っておくことも重要です。売上高の伸びがさえない銘柄には買いの資金が入りにくく、割安の解消＝株価上昇を見込みづらくなるからです。

買いを入れるときには「想定シナリオ」を作ります。基本的には、ビジネスの伸長に伴って業績が伸びていくシナリオを考えておき、同時にセクターのＰＥＲ推移も想定して、これらを掛け合わせた「目標株価」を設定しておきます。

目標株価を達成し、さらに超えて推移している場合には、成長性に問題がなければ保有を続けます。逆に、目標株価を一向に上回ってこない、もしくは業績シナリオを外れて株価上昇の見込みが立たなくなったときには手放します。株価が想定をはるかに超えて上昇したときは、部分的に利確をして損のない状態にしておき、心の余裕を作って伸びしろを見守っていく態勢を取るようにしています。

「内ゲバ」に乗じて5000万円の利益を獲得

最近の投資で特にうまくいったのは、昨年購入したパチスロメーカーのユニバーサルエンターテインメント（６４２５）です。

同社は創業者の岡田和生氏とその親族で経営していた同族企業なのですが、２０１７年に創業者が取締役を解任され、さらに２０１９年には富士本淳社長が株主代表訴訟を提起されるなど、ゴタゴタが続いていました。創業者たちの息子世代が資産管理会社を乗っ取り、裁判になったのです。こうした内ゲバが収まらない２０２２年5月末、創業者の岡田和生氏が同社傘下のリゾート施設「オカダマニラ」を力づくで占拠する事件が発生します。当然大きなニュースになり、株価は2カ月ほどで半値近くまで暴落しました。

ただ、これはあくまでも一過性の不祥事であり、本業であるパチスロ製造販売ビジネスへの悪影響は極めて限定的であると私は判断しました。そこで、叩き売られた安値で拾いまくり、一時は運用資産の3割を同社の株式に集中させたのです。９カ月ほど持った後に売却して、収益は５０００万円ほどになりました。

私が手掛けているバリュー投資は、このように、不祥事や悪材料によって叩き売られて株価が激安になっている銘柄やセクターに着目し、実態であるビジネスの健全性や業績に問題がなければ買いを入れるものです。ほかの投資家がそれに気づいて徐々に売りの手を緩めていき、続けて株価の水準訂正が起こることによって、叩き売られた株価が本来価値に向かって上昇していきます。この部分の「乖離」を取るのが、私の考えるバリュー投資なのです。

ユニバーサルエンターテインメントには運用資金の3割を当てましたが、私にとってはそれほど大きな割合とは感じていません。本当に確信があるときは、運用資金の半分を1銘柄に集中投資することも過去にはありました。

投資利益を最大化するためには、時には大きく張ることも必要だと私は考えています。とはいえ、投資に慣れないうちは銘柄やセクターを分散して、負けない堅実投資をすることが重要です。この視点から、新NISAの成長投資枠のポートフォリオを考えてみました。

「金融界のゾンビ」こと地銀株を激安で仕込む

私の考えたポートフォリオは、3つのセクターを組み合わせて、5年の投資期間で50%程度のリターン（配当込み）を目標に組んでいます。

予期せぬ経済ショックなどがなければ普通にこれくらいの利益は取れると思っていますし、それぞれのセクターで想定通りにカタリスト（株価上昇の要因となるイベント）が実現すれば、株価のジャンプアップもあります。そうなれば、年率10%のリターンは軽々と超えていくでしょう。そして、仮にカタリストがなかなか実現しないとしても、3%を超える高配当をもらい続けることができます。1年目に成長投資枠をフルに使って240万円を投資した場合、黙っていても7万2000円以上の配当がチャリンチャリンと入ってくるわけです。

仮に世界経済などの影響で株式市場全体がさえない展開になったとしても、1倍を切る低ＰＢＲが下値を支えてくれます。株価下落でＰＢＲが下がれば割安さが際立ち、同時に配当利回りも上がるので、それを狙った買い資金が入りやすくなります。果てしなく株価が下がり続けるようなことにはならない銘柄群です。

保有する資産に対して株価が非常に低い低ＰＢＲ銘柄は、今時の言い方でいえば「改善の余地しかない」ということになります。業績や資本政策（増配など）の改善によって株価を大幅に上げる余地があるのが、低ＰＢＲ銘柄なのです。

ポートフォリオの説明に入ります。

最初に、日銀の金融政策変更期待で注目が集まりつつある「地銀株」です。新潟県で展開する大光銀行（8537）、群馬県に強みを持つ東和銀行（8558）、岩手でトップの岩手銀行（8345）、秋田でトップの秋田銀行（8343）、そして高知銀行（8416）、大分銀行（8392）の計6銘柄です。購入する株数など、詳しくは97ページの表を参照してください。

銀行業の根本は、預金を集めるなり日銀から引き出すなりしてお金を低コストで調達し、金利を載せて貸し出して利ザヤを稼ぐことです。日銀がマイナス金利をやめ、金利上昇が起きれば貸出金利も上昇するので、銀行の収益にはプラスになります。

すでに最近の決算でも上方修正をする地銀が出てきていますが、本格的に収益が上振れしていくのは、住宅ローン金利が上がり始めてからだと思われます。株価は金利上昇期待を反映しきっておらず、まだまだ非常に割安で、買い時です。むしろ住宅ローン金利の上昇を確認してから買おうという待ちの姿勢でいると、株価はその前に上昇してしまい、結果、出がらしの株を掴むことになりかねません。

名前を挙げた6行は、いずれもPBRが0・2倍前後という究極の割安銘柄です。各行の株式時価総額が保有する資産の2割しかないということは、仮に会社が廃業して解散すれば、資産の分配で投資した金額の5倍になって返ってくることになります。そこまで割安になっている株であれば、相場が悪くなったとしても割高な銘柄に比べて下げ幅は限定的です。加えて、配当利回りも平均で3％を超えます。仮に株価が2割下がれば配当利回りは3・8％近くになるので、投資家にとっての魅力度は高まります。その際には買い増しをしても良いでしょう。

地銀株は実際のところ、海外の金利上昇によって保有する債券が含み損になっていることや、地方経済の疲弊が進んでいることなど、悪材料をいい出せばきりがないのは確かです。とはいえ、それらを織り込んでのPBR0・2倍という激安であることを忘れてはなりません。

株式市場の常として、買いや売りの材料が実体化する前に株価は動きます。つまり、地銀株特有の悪材料の緩和を待っているうちに、金利上昇に先立って地銀株全体の水準訂正が起こる可能性が高いのです。今はファンダメンタルズの改善を待たず、需給改善を先取りする局面だと考えています。

取り上げた6行のそれぞれについては、各行固有の事情を勘案したわけではありません。金利上昇に反応する地銀株というセクターの中で、低ＰＢＲと高配当利回りという観点で機械的にスクリーニングをした結果なので、複数の銘柄に分散投資をすることが必須です。金利上昇に反応するという部分ではメガバンクでも別に良いのですが、単純に割安度で劣るため入っていません。実際、私自身のポートフォリオでは地銀株だけで50行は保有しています。その中でも特に保有金額の大きい銘柄を、今回の推奨ポートフォリオに入れました。

パチンコ・スロットの「周辺機器」に勝機あり

地銀株と並んで、人によっては見るのもイヤだというくらいの退潮ムードに包まれているセクターが遊技機、つまりパチンコ・パチスロセクターです。その中でも、台の入れ替え需要で恩恵を受けるスマスロ・スマパチ製造の周辺機器メーカーに着目しました。

今のパチンコ店・パチスロ店は、普段から遊んでいない人が思うイメージとは大きく様変わりしています。遊技機のビジュアル訴求力が著しく向上し、見て楽しい台に入れ替わっていることに加え、当たったときにパチンコ玉の現物を吐き出さない台が増えています。かつてのチューリップジャラジャラとは全く違う、これらの台がスマパチ・スマスロと呼ばれているのです。

スマパチ・スマスロの普及率はまだまだ低く、台の入れ替え需要は今後も長く続きます。それを追い風に好業績で推移すると予想される3銘柄をポートフォリオに加えました。

5年以内に50％を超えるリターン達成を見込んで銘柄を選定しました。目標を達成したら、5年経過を待たずに利益確定してしまっても良いと思います。

ゲームカードジョイコHD（6249）は、遊技機用のプリペイドカードシステムを取り扱っています。PBRは0・6倍程度とかなりの割安です。スマパチ・スマスロの紙幣とICカードを処理する機械や総合管理システムを製造・販売するマースグループHD（6419）、券売機や紙幣識別機などパチンコホール向け機械製造のマミヤ・オーピー（7991）も、配当利回りが3～4％に達する安定配当銘柄です。

いずれも増収増益を続けており、来期・来々期の業績予想も絶好調、そのうえ現金を豊富に抱える優良銘柄です。それなのに、縮小が続くパチンコ・パチスロ業界という先入観で見くびられている部分があります。加えて、かなりのキャッシュリッチでありながら社債を発行して資金調達をしていたり、意図が不明な資本政策で投資家に不信感を抱かれていたりと、そのせいで株価が上がっていません。仮に今後株価が上昇していけば、それを機に新株を発行して使途不明の資金調達を行い、株式を希薄化させて既存株主にダメージを与えるようなことすらしかねないという懸念を持たれています。

この一時的な経営不信によって株価が下落していますが、ビジネス自体はどれも盤石です。四半期ごとに好業績が発表になっていけば、株価は戻ると考えています。むしろ地銀株と同様に、見くびられている部分と実際の価値の乖離を取るイメージで投資すると良いと思います。

高配当・安定配当プラスアルファの企業にも注目

最後に、セクター括りではないが低ＰＢＲ・高配当の2銘柄を取り上げます。

全国にパチンコホールを展開する業界第2位のダイナムジャパンは、日本企業でありながら香港市場に単独上場する珍しい銘柄です。

周辺機器メーカーについてのコメントでも触れましたが、パチンコ・パチスロ業界は斜陽も斜陽で未来がないと思われています。その中で、ダイナムジャパンは業界の巨人・マルハンに次ぐ2番手の企業です。規模はマルハンよりはるかに小さいのですが、より小さい企業から淘汰されて業界が縮小していくにつれ、パチンコホールにおけるダイナムジャパンのシェアは上がっていくと考えられます。すなわち、残ったプレイヤーがニーズを寡占する「残存者利益」を得る見込みが高いのです。

この考えで4年前から保有し続けていますが、今のところ想定シナリオはまだ実現していません。この間にスマパチ・スマスロ導入の投資がかさんでおり、業績を圧迫して株価もさえない展開が続いています。

それでも持ち続けていられるのは、お伝えしたシナリオに確信があることに加え、利回り6％を超える高配当を得られるからです。

スマパチ・スマスロ導入が一段落すれば、導入以前にかかっていたパチンコ玉の管理に必要な人件費を大幅に削減することができます。結果、コスト減に寄与して利益が一挙に跳ね上がる展開がくると考えています。

1つのポートフォリオの中にパチンコ・パチスロ周辺機器メーカーとパチンコホール運営企業が同居し、売上をやり取りし合っている面白い構図です。投資家としては、そのすべての銘柄から高配当を得ながら高みの見物と、のんびり構えていきましょう。

最後に推奨する銘柄は、FX取引を提供するインヴァスト（7338）です。

かつて大きく儲けさせてもらった銘柄で個人的な思い入れはあるのですが、同業の中では業績は芳しいほうではありません。みんなのFXやマネーパートナーズといったライバルに水を開けられており、2代目社長の経営手腕には疑問があります。

ただし、同社の貸借対照表を細かく読み込んでいくと、にわかに印象が変わります。

FX会社は会計上、顧客の預かり資産も「預かり金」として貸借対照表に載せています。この部分は負債になりますが、金利負担はなくただ載っているだけです。

預かり金を除くと、実際には現金の塊のようなキャッシュリッチ企業の姿が露わになってきます。時価総額の倍近い現金を保有しており、安心感は格別です。さらに現金を多く保有する企業は、M&A（買収）や経営者の買収による株式非公開化（MBO）といったイベントの対象になりやすいため、高値で持ち株を買い取ってもらえる可能性があります。

業績も同業他社に比べればパッとしないとはいえ、キャッシュを薪のようにくべて燃やしているような状態ではなく、２０２３年３月期を底に増益基調に復帰するとの予想を発表しています。１株当たり資産の２％を配当するという方針を公表しており、今後も安定配当が続く見込みです。利回り５％に迫る高配当をもらい続けるだけでも十分な投資価値があります。

投資初心者はまずは「負けない投資」を

株式投資を始めて間もない人の中には、Ｘ（旧Ｔｗｉｔｔｅｒ）やＹｏｕＴｕｂｅなどＳＮＳで活躍しているインフルエンサーや凄腕投資家のパフォーマンスに羨望を抱く人が少なくありません。

「１００万円を半年で1億にした」人も中には本当にいるかもしれませんが、そんなことはめったに起こりません。自称勝者の弁に気を取られて大きく稼ぐことばかり考えてしまいがちですが、まずは負けないことを第一に考えたほうが良いと思います。

今回ご紹介した低ＰＢＲ・高配当利回りポートフォリオは、負けないための戦略です。まずは負けない形を整えて、安定的に収益を上げ、なるべく損をしない体制を作ることが先決です。そのうえで、獲得した利益を使って大きく稼ぐことにチャレンジしていけば、例え失敗しても大きく損をすることはなくなるでしょう。

人間は追い込まれると正常な判断や行動ができなくなってしまうものです。お金の余裕を作って心の余裕を持ち、正常な判断力で投資に臨んでいきましょう。

インデックスを上回ることを目標に高配当株化&カタリスト(※)の出現を狙う

ゆうと

バリュー型 ポートフォリオ

ゆうと
投資歴10年、20代後半の個人投資家。カタリストのあるバリュー株に投資し、2023年9月1日に純資産1億に到達。目標は投資を世に広めること。 若手投資家同士の交流を目的とした『名古屋投資家交流会』を主催(現在休止中)。 X(旧Twitter):@hyouka1995。

ポートフォリオの目標はインデックスを上回ること

私は「つみたて投資枠」の運用を行っていないため、「成長投資枠」の年間240万円以内のポートフォリオのみ作成してみました。以下、ポートフォリオの詳細について説明します。

左ページのグラフがポートフォリオ全体の構成です。今回のポートフォリオのテーマは、「下値が限られた高配当株化する余地のある銘柄群への分散」としてみました。

NISAは売買差損の損益通算ができない点から、まずは損失を抑えるために下値があまりない銘柄群に分散しつつ、かつ株価が上昇するきっかけ(カタリスト)を内包したものを選別しています。

ポートフォリオの目標はインデックス(日経平均株価やTOPIX)を上回ることです。これは個別銘柄

(※)上がる材料

ゆうとのポートフォリオ

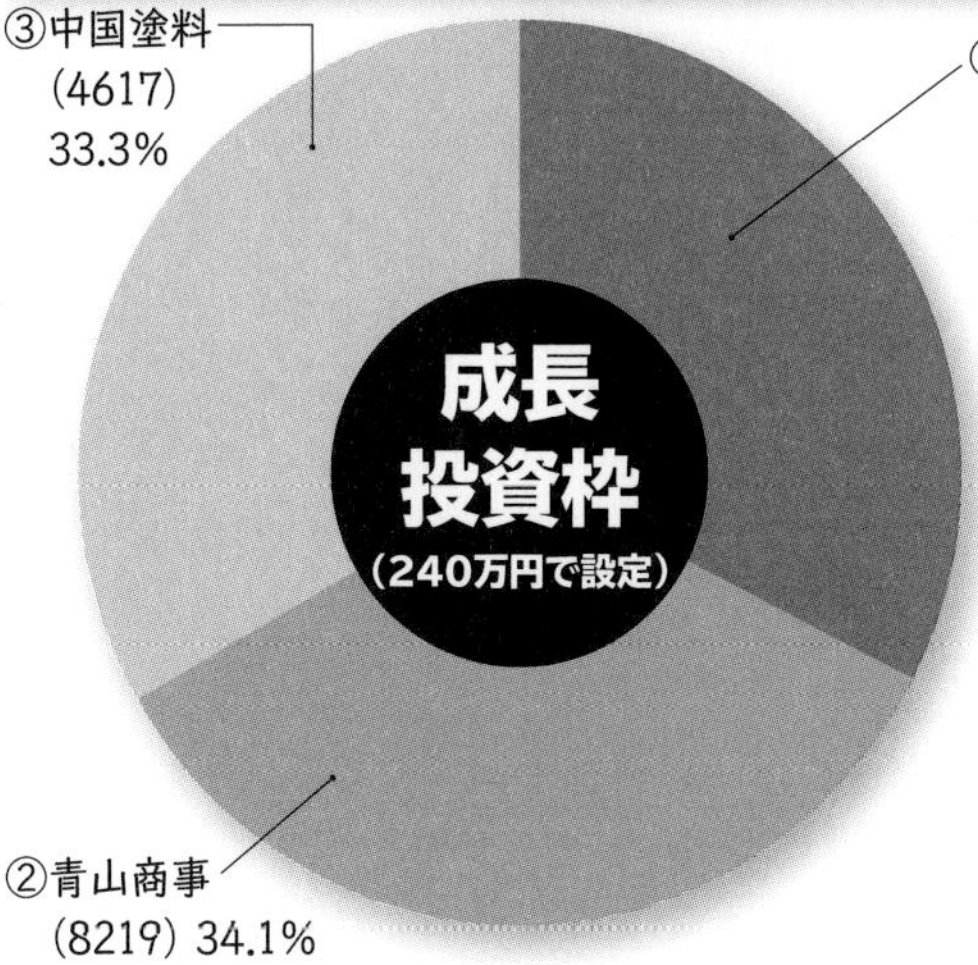

●投資額

①日本精機　1259円×600株
＝75万5400円

②青山商事　1581円×500株
＝79万500円

③中国塗料　1541円×500株
＝77万500円

ポートフォリオの内容

銘柄名	コード番号	業種	保有株数	株価(円)	時価評価額(円)	PER(倍)	PBR(倍)
日本精機	7287	輸送用機器	600	1,259	755,400	29.23	0.34
青山商事	8219	小売業	500	1,581	790,500	10.95	0.46
中国塗料	4617	化学	500	1,541	770,500	9.09	1.07

銘柄名	配当利回り(%)	EPS(円)	BPS(円)	1株配当(円)	ルックスルー利益	ルックスルー資産
日本精機	3.18	43.07	3,692.64	40	25,843	2,215,587
青山商事	3.80	144.40	3,425.37	60	72,200	1,712,683
中国塗料	4.41	169.46	1,441.50	68	84,730	720,748

銘柄名	受取配当(円)	当期純利益(円)	純資産(円)	発行済株式総数
日本精機	24,000	2,600,000,000	222,903,000,000	60,364,051
青山商事	30,000	7,200,000,000	170,795,000,000	49,861,619
中国塗料	34,000	8,400,000,000	71,454,000,000	49,569,317

合計評価額	2,316,400
ポートフォリオPER	12.67
ポートフォリオPBR	0.50
ポートフォリオ配当利回り	3.80
ルックスルー利益	182.773
ルックスルー資産	4,649,018
受取配当総額	88,000

を選別して投資を行う以上、最低目標だと思われるため、まずはここを目標にしています。また、そのためにはできる限りポートフォリオ内でキャッシュポジションを保有しない方針です。

選定のポイントは高配当株化とカタリストの内在

次に選定理由です。各銘柄で詳細は異なりますが「約3〜6カ月以内に配当利回りの高まる（高配当株化する）ことで株価の上昇が見込まれる」というカタリストは共通しています。

●日本精機（7287）

まずは日本精機です。2輪車用計器で世界首位、自動車用、民生機器用も手掛け、ヘッドアップディスプレイ（光学反射の原理を利用して、重要な運転に関連する情報をフロントガラスに投影する装置）にも力を入れている会社です。

同社は2023年11月10日に、来期から始まる予定の「新中期経営計画 2026」を策定・発表しました。その中で図1上のように従来の安定配当の株主還元方針から、来期からの中計3カ年で株主還元性向80％・約200〜250億円の還元を行うという株主還元方針を発表しました。

これは1株当たりに直すと約110円〜138円となります。そのため全額配当だと仮定すると配当利回りは8・73％〜10・96％、つまりかなりの高配当株化する可能性がありますし、配当額と自社株買いの額が同額程度だとしても4・36％〜5・48％と、そこそこの高配当株に

図１ 銘柄選択理由❶ 日本精機

資本政策①：株主還元方針

中期的にROE8.0%を目標として、新たな株主還元方針を策定

	従来	本中期経営計画期間
株主還元方針	安定的な配当を継続	総還元性向80% （25/3期～27/3期）
株主還元額	約85億円 （前中期計画期間累計）	約200億～250億円 （見込み）
株主還元の考え方	財務体質と経営基盤の強化を図るとともに、各事業年度の業績と配当性向を総合的に勘案	●企業価値の継続的な向上及びPBR1倍の早期達成に向けて資本効率性、財務体質及び各事業年度の業績を総合的に勘案 ●営業利益率の改善を通じた業績回復に連動して、配当額も継続的に増額 ●配当と自己株式の取得により、設定した総還元性向を満たすように株主還元を実施

出典：日本精機「新中期経営計画 2026」策定に関するお知らせ

〈株主提案（第３号議案）〉

決議事項	賛成数（個）	反対数（個）	棄権数（個）	可決要件	決議の結果及び賛成割合（%）
第３号議案 自己株式の取得の件	159,718	342,851	63	（注）2	否決　31.67

出典：日本精機
2023/06/30提出
臨時報告書

日本精機の株価チャート（月足）

出典：「株探」(https://kabutan.jp/)

青山商事の株価チャート（月足）

出典：「株探」（https://kabutan.jp/）

化ける可能性があります。

　また図1下から確認できるように、２０２３年６月に開催された定時株主総会で、日本バリュー・インベスターズから自社株買いを求める株主提案が提出されて否決されたものの、31・67％の賛同を得ていました。

　このような外部株主からの圧力も今回の株主還元を強化する方針への変化の一因であると思われることから、そこに同社の株主還元へのインセンティブが存在していると思われます。

　そのため、来期業績が発表される２０２４年５月に配当利回りが高まる（高配当株化する）ことで株価の上昇が見込まれるというカタリストの確度は、相当程度あると評価して良いものと考えます。

●青山商事（８２１９）

　青山商事は紳士服専門最大手で、郊外や都

図２　銘柄選択理由❷　青山商事

資本コストや株価を意識した経営の推進

- ☑ 今上期はコロナ5類移行など自粛緩和の流れを受け、来店客数、売上ともに増加
- ☑ 株価は2022年3月期を底に回復しているが「PBR1倍割れ」が続き、依然「割安」と評価
- ☑ 株主・投資家の収益期待（株主資本コスト）を上回るリターン（ROE）が出せていないことや株主還元が十分でないことなどが主な原因と分析している
- ☑ 経営トップとして責任を感じており、できるだけ早期に脱却する諸施策を講じていく

■過去6期のROE、PBR 、1株当たり純資産および期末株価推移

	2018年3月期	2019年3月期	2020年3月期	2021年3月期	2022年3月期	2023年3月期	2024年3月期 2Q
ROE（%）	5.0	2.5	▲8.1	▲21.8	0.8	2.5	
PBR（倍）	0.96	0.56	0.23	0.25	0.20	0.28	0.50
1株当たり純資産（円）	4,505.53	4,418.58	3,932.57	3,231,50	3,234.47	3,339.33	3,339.33
期末株価（円）	4,190	2,516	928	827	676	938	1,671

注：純資産、株価ともに各事業年度末（3月末）。なお2024年3月期2Q株価は2023年9月末終値でPBRを計算している。

「PBR1倍割れ」是正に向けた対応について

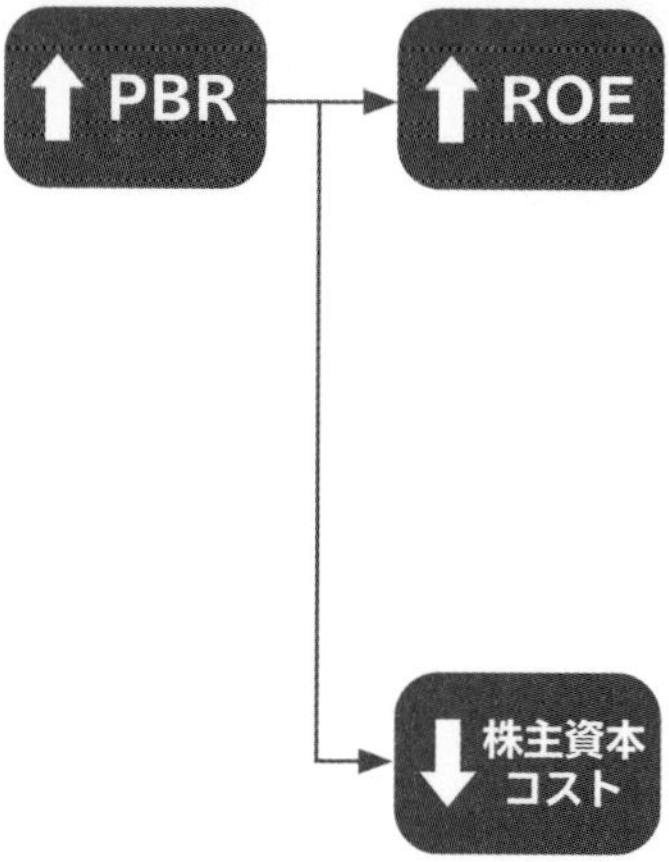

☑ 現中計「Aoyama Reborn 2023」の完遂
▶現KPIの達成に向けた経営改善努力を継続

☑ 新たな中計の策定とその戦略・施策の実行
▶成長戦略：フリー・キャッシュフローを増加
▶稼ぐ力向上：投資資本利益率（ROIC）を改善

☑ 財務リスクに配慮しつつ株主還元を実施
▶「コロナ禍による業績悪化によりダメージを受けた自己資本改善のための内部留保を優先し総還元性向30%を目安」を基本としながらも今上期業績を鑑みさらに踏み込んだ配当を計画
▶年間配当額を42円／1株から**60円／1株**へ増配を計画
▶新中計では現中計方針を踏まえながら新たな方針を再設定

☑ 新たな中計の策定とその戦略・施策の実行
▶計画の進捗状況の適切な開示並びに目標達成して事業リスク、財務リスク（業績のボラティリティ）を低減

☑ 「情報の非対称性」の解消への努力
▶IRのさらなる充実、株主・投資家との対話の強化
▶ESG・サステナブルなど「非財務情報」の進化

出典：青山商事　2024年3月期第2四半期決算説明会資料

心に出店。セレクトショップ、靴修理店や飲食フランチャイズ店も展開しています。同社は2023年11月14日に、2024年3月期第2四半期決算説明資料を開示しました。その中で図2のようにPBR1倍割れが続き、自社の株価が割安な状態にあるのは、株主資本コストを上回るROEが達成できていないことや、株主還元が十分でないことに理由があるとしています。

このように自社の状況を把握しており、経営トップとしての責任にも言及していることから、来期から始まる新中計の株主還元方針は、現状の「コロナ禍による業績悪化によるダメージを受けた自己資本改善のため内部留保を優先し、総還元性向30%を目安」から、さらに踏み込んだものになると思われます。

また、すでに11月10日の「業績予想及び配当予想の修正並びに剰余金の配当（中間配当）に関するお知らせ」では、予想ベースではあるものの、連結の配当性向が41%強となっていることから、新中計ではこのラインが最低線と見ることができると思われます。

一方で過去のPBRの推移を見てみると、直近10年ではほとんどの期間でPBR1倍未満でしたが、2015年に中期経営計画「CHALLENGE　2017」を発表した後の1年近くはPBR1倍以上でした。

この中期経営計画「CHALLENGE 2017」ではそれまでの配当性向35%とした配当方針から、安定配当100円としつつ連結配当性向70%が100円を超える場合は特別配当を実施し、連結総還元性向130%を目処とする株主還元方針に大幅に株主還元を強化していました。

このようなことから本気でＰＢＲ1倍割れの改善に取り組むのであれば、「ＣＨＡＬＬＥＮＧＥ 2017」で示した株主還元方針と同等程度まで踏み込んだ株主還元方針を示す余地があるものと思われます。直近の四半期推移を業績回復傾向が鮮明ではありますが、来期業績が今期と同等程度のＥＰＳ144円だと仮定し、下限が連結配当性向40％・上限が70％とすると配当利回りは3・64％～6・38％のそこそこの高配当株化する可能性がありえます。確度やインセンティブ（ただし、インサイダーが12％強ほど株式を保有している点は評価できる）という点では先に挙げた日本精機ほどではないものとはいえません。しかしながら決算説明資料は会社ＨＰに掲載されているのみであることから現時点ではほとんど市場に織り込まれていないと思われる点や、会社側では遅くとも来期業績発表と同時に新中計を発表したい意向であるものの、過去の中期経営計画は「Ａｏｙａｍａ Ｒｅｂｏｒｎ」が2021年3月9日・「ＣＨＡＬＬＥＮＧＥ Ⅱ」が2018年2月9日・「ＣＨＡＬＬＥＮＧＥ 2017」が2015年1月28日に発表されているなど前倒しで発表されていることからカタリストが発現するタイミングが2～3カ月と比較的近い可能性がある点は評価して良いものと考えます。

●中国塗料（4617）

中国塗料は船舶用塗料の世界大手で、アジアを中心に海外販売網を展開している会社です。2021年5月11日に2022年3月期から始まる中期経営計画「ＣＭＰ ＮＥＷ Ｃｅｎｔ

中国塗料の株価チャート（月足）

出典：「株探」（https://kabutan.jp/）

ｕｒｙ Ｐｌａｎ２」を発表。その中で図３上のように、株主還元方針は連結自己資本総還元率５％以上・連結配当性向40％以上・１株35円を下限配当としています。

同社は先に挙げた日本精機や青山商事とは異なり、直近で株主還元方針を見直す可能性は低いものの、図３下のように２０２３年10月31日に中期経営計画の２０２５年度の業績目標を上方修正しており、今期業績に関しても第２四半期時点で上方修正した業績予想に対して営業利益・経常利益は６割強の進捗率となっています。このような好業績の背景は、販売価格の適正化・高付加価値製品の拡販、前期高騰した主要原材料のナフサ・エポキシ樹脂の価格下落によるコスト低下にあります。

また、より詳細な販売状況に関しては、中国・韓国での新造船の需要回復に伴う船舶用

図3　銘柄選択理由❷　中国塗料

株主還元方針

株主還元の基本方針

成長投資を最優先とし、余剰資金については積極的に株主還元を実施、
自己資本を適切にコントロール

株主還元の基準	連結自己資本総還元率（Ｄ＆ＢＯＥ）※ を指標に設定 → 中計期間平均で5%以上
配　当	連結配当性向：40%以上 1株当たり年間配当額の下限：35円
自己株式の取得	Ｄ＆ＢＯＥ基準に基づき、成長投資及び配当との バランス等を勘案して機動的に実施

※ 連結自己資本総還元率＝ 当該年度の配当金額＋当該年度の自己株式取得額 ／ 当該年度の連結自己資本額［期首・期末平均］

連結業績目標

※2023年10月31日付で改定

（金額単位：百万円）	2025年度 当初目標	2025年度 改定後目標	当初比
既存ビジネス	100,000	120,000	＋20.0%
M&A等	10,000	―	―
売上高	**110,000**	**120,000**	**＋9.1%**
既存ビジネス	8,000	11,000	＋37.5%
M&A等	500	―	―
営業利益	**8,500**	**11,000**	**＋29.4%**
既存ビジネス	5,000	7,000	＋40.0%
M&A等	200	―	―
親会社株主に帰属する当期純利益	**5,200**	**7,000**	**＋34.6%**
ROE	**8%以上**	**10%以上**	**＋2.0pt**

【改定後の連結業績目標に関する補足説明】
◆M&A等による業績拡大については引き続き模索するものの、時間的な制約から2025年度までの実現可能性が低下していることを踏まえ、業績目標からは当該寄与分を除外
◆為替は2023年1-5月の平均レートを、原材料価格は2023年4-6月の水準をそれぞれ前提とする

出典：中国塗料中期経営計画「CMP New Century Plan2」（業績目標改訂版）

塗料の出荷が急伸しており、国内も修繕船向けの販売価格の適正化により黒字転換を果たしています。また新造船市場の回復によって国内外の造船所各社は2～3年先までの潤沢な受注残高を有していることから、それに伴って船舶用塗料の需要は底堅く推移すると思われます。

このように同社を取り巻く外部環境はかなり良好なため、修正後の中期経営計画の業績目標の達成確度は相当な程度あり、今期業績に関しても再度の上方修正・増配の可能性は高いものと思われます。

現在の株価水準でも4％半ばの配当利回りであることから、業績修正・増配により配当利回りが高まることで、株価の上昇が見込まれるというカタリストが存在するものと評価して良いものと考えます。

ゆうと流ポートフォリオの活用法

このポートフォリオを読者の皆さんがそのまま使えるかというと、基本的には難しいと思います。なぜなら、先にも挙げたように、今回挙げた銘柄群は「約3～6カ月以内に配当利回りの高まる（高配当株化する）ことで株価の上昇が見込まれる」カタリストが内包されたものだからです。そして、直近の時期にその「旬」があるとは考えていますが、それ以降も継続的に良い状態（インデックスを上回る）を保っていられるかどうか、わからないからです。

そのため、もしこのようなカタリストをテーマにポートフォリオを構築するとしても、より良いカタリストを内包したものがないかを多くの銘柄と比較・検討し続ける必要があります。

具体的には、今回は同様のようなカタリストを有する3銘柄を挙げましたが、仮にこのポートフォリオのテーマに沿ってインデックスを上回り続けることを目指すのであれば、同様のようなカタリストを有する銘柄がないかどうか、適時開示や企業のウェブサイトなどを丹念に見て調べていくほかありません。

幸いにも、現在は東京証券取引所がＰＢＲ1倍を割っている企業に対して、その改善要請や新市場再編に伴って「資本コストや株価を意識した経営の実現に向けた対応」や「上場維持基準の適合に向けた計画」などの表題で開示を行っている企業も数多くあります。また、先に挙げた3銘柄のように中期経営計画の中でも株主還元方針を強化する動きも多いため、候補となる銘柄群を探すのはさほど難しくはありません。

このような銘柄群を抽出した後に、カタリストの発現する時期やそのインパクト・確度や下値余地などを比較・検討してポートフォリオの銘柄を組み替えていくことでポートフォリオを常に鮮度の良い状態で保っていられるようになると思います。

このポートフォリオでは、あくまでもインデックスを上回ることを最低目標としているため、年初の段階でポートフォリオを組み終えて、常にできる限りポートフォリオ内でキャッシュポジションを保有しない方が期待値を落としにくく、インデックスに劣後しにくいと思われます。最後にその点をアドバイスしたいと思います。

全米株式とナスダックで積み立てて成長投資枠は高配当狙いの運用

トミィ

グローバル分散型ポートフォリオ

トミィ
ハンドルネームは「トミィ@NISA芸人」。米株プログラミングサークルを主宰し、SNS上でNISAに関する質問に答えている。X（旧Twitter）＝@toushi_tommyでは、主に米国株に関する情報を発信している。

インデックス「ガチホ」で資産拡大

投資を始めたのは２００６年です。株を買ってすぐ、ホリエモン（堀江貴文氏）率いるライブドアに強制捜査が入ったことで起きた「ライブドアショック」をもろに食らい、一発退場となりました。その後海外への出向などもあり、投資からは遠ざかっていました。本格的に投資を再始動させたのは２０２０年になります。今や株主優待投資の教祖的存在である桐谷広人さんを知ったのがきっかけで、優待株に加えて、高配当銘柄のオリックスや三菱ＵＦＪフィナンシャル・グループに投資しました。高配当株は、２０２０年は大して上がらなかったのですが、２０２１年からのバリュー相場に乗って大きく伸びました。

この間、コロナ禍以降の成長株ブームを追い風に、上昇気流に乗った半導体銘柄に照準を定めます。２０２３年の初めからまとまった資金を投下し始めたとこ

トミィのポートフォリオ

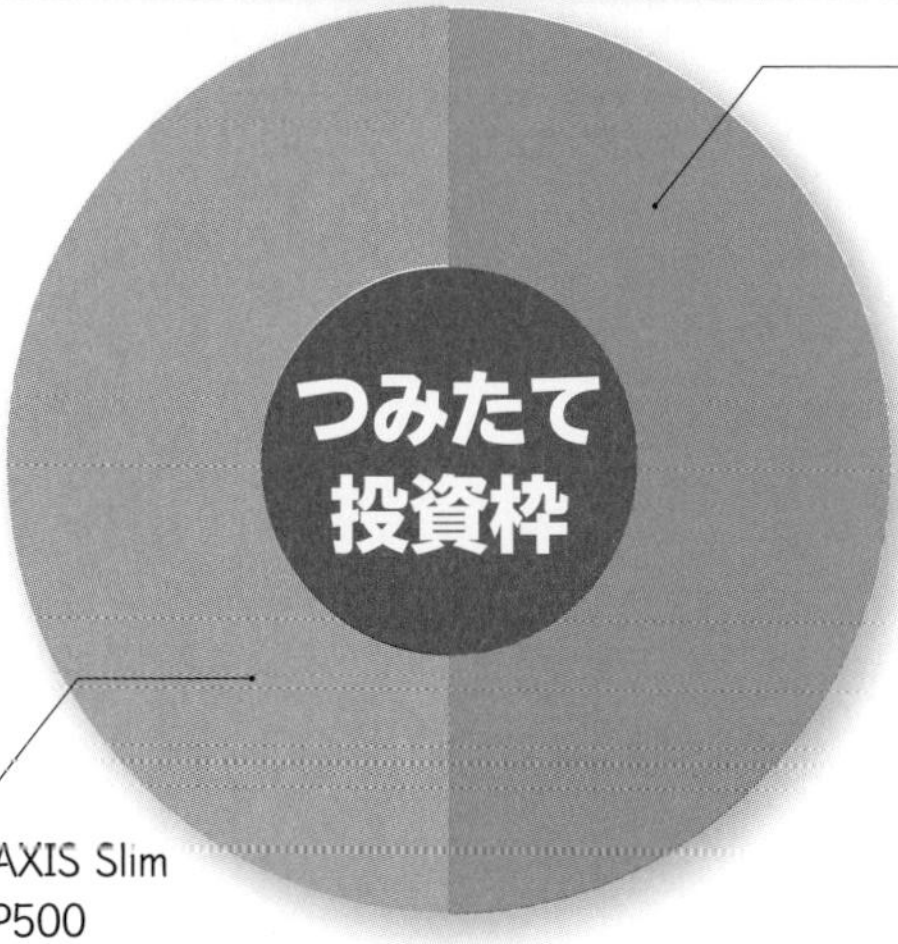

●投資額

それぞれ
5万円×12カ月＝60万円
（年初ボーナス設定を使った
一括ではなく、
クレジットカード払い）
5年で投資終了、
年率10%目標、
15年後2095万円

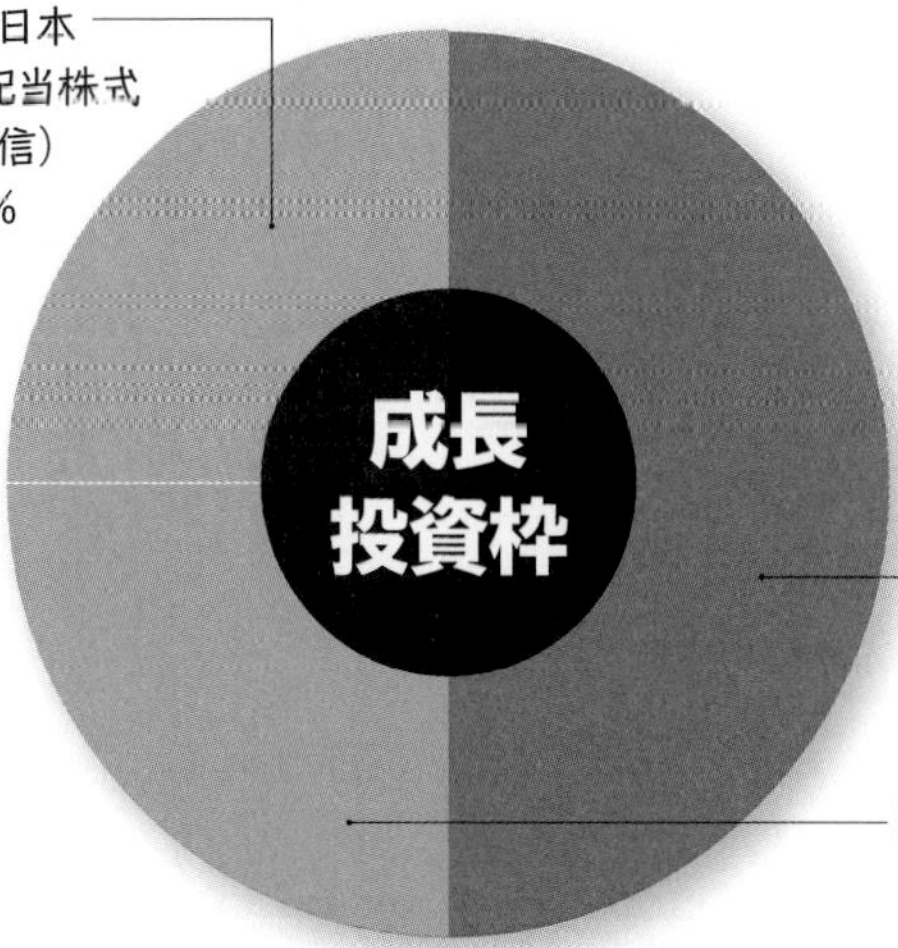

●投資額

毎月20万円
5年で投資終了、
分配金年率4%目標、
15年後毎月5.5万円の配当金

投信・ETF：個別株
＝1：1

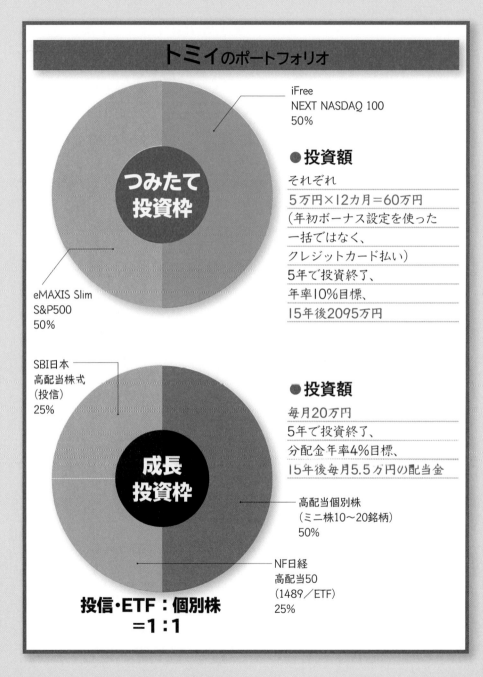

ろ、ＡＩ（人工知能）ブームに乗ることができました。どの銘柄の株価も爆上がりして一躍ほくほく状態です。ブームの立役者であるエヌビディアの株価は購入時から4倍になりました。とはいえ、資産の増加に最も貢献した投資は個別株ではなく、米国の成長株を多く含むナスダック１００指数に連動するＥＴＦ（ＱＱＱ）です。ポートフォリオに占める割合が大きいので、エヌビディアに比べると株価上昇は控えめに感じられてしまいますが、含み益の金額としては最大になりました。全米株を代表するＳ＆Ｐ５００指数に連動するＥＴＦ（ＶＯＯ）も、ＱＱＱには及ばないものの、調子良く上がってきています。

インデックスＥＴＦはそれだけで数百銘柄に分散投資することができ、個別銘柄に比べてリスクが分散されるので、多くの資金を割くことができます。その結果、ＥＴＦの「ガチホ」（株価の上下動に気を取られず保有し続けること）が最も効率良く資産を増加させてくれました。振り返れば、折々の経済や株式投資のトレンドに乗ることで、これまでは調子良く資産を増加させることができました。新ＮＩＳＡでも同様に、基本はトレンドフォローを継続していくつもりです。

現在の私の金融資産のポートフォリオの具体的な配分は、インデックス投資が約6割、個別株＆アクティブ投信が約3割、現金が約1割です。

個別株はキャピタルゲイン（売却益）目的で保有しており、米国株はアップル（ＡＡＰＬ）、マイクロソフト（ＭＳＦＴ）、テスラ（ＴＳＬＡ）、エヌビディア（ＮＶＤＡ）のハイテクグロース株4銘柄。日本株は半導体関連や金融セクター、アドバンテスト（６８５７）、三菱商事（５０５８）、三菱ＵＦＪ（８３０６）、オリックス（８５９１）など18銘柄を保有。インデックス投資はＥＴＦと投資信託の両方を保有しており、ナスダック１００（ＱＱＱ）17％、全米株（ＶＯＯ、ＶＴＩ）25％、米国を除く先進国株式7％、全世界株式（ＶＴ）12％に分散投資しています。実質的に約7割以上がドル建ての資産です。

これまでの資産拡大局面では大きくキャピタルゲインを狙う投資に特化してきましたが、資産総額が億超えしたこともあり、今後は収入増となるインカムゲイン狙いに少しずつスイッチしていく予定です。

インデックス投資は「オルカン」じゃなくても良い！

すでにつみたてＮＩＳＡを利用していますが、投資枠が一挙に１８００万円に拡大されるインパクトは絶大です。２０１９年に金融庁の発表で話題を集めた「老後２０００万円問題」に備える程度の使い方であれば、十分すぎるくらいだといえます。枠を使い切れない人も多いとは思いますが、ぜひとも使える範囲でフル活用していただきたいと思います。

新ＮＩＳＡポートフォリオの構成は次の通りです（１２１ページのグラフ参照）。

●つみたて投資枠

ｅＭＡＸＩＳ Ｓｌｉｍ Ｓ&Ｐ５００とｉＦｒｅｅＮＥＸＴ ＮＡＳＤＡＱ１００を１：１で保有。

●成長投資枠

日本の高配当株に投資。高配当投資信託・ＥＴＦと個別株を１：１で保有。個別株は1株単位で購入できるミニ株を利用し、10～20銘柄に分散。つみたて投資枠ではＥＴＦに投資できない証券会社が多く、投資信託のほとんどは分配金を出さないものが採用されています。自ずとキャピタルゲイン目的の投資になるわけです。

毎月10万円ずつ積立投資を行い、そのうちクレジットカード決済でポイントがつく分はカード払いとします。大手ネット証券のＳＢＩ、楽天、マネックス、ａｕカブコムであれば、提携しているクレジットカードの利用で０・５％～５％のポイントがつくので、利用しない手はありません（１３１ページ図５参照）。ちなみに「つみたて投資枠」であっても、年初にボーナス月の設定をすれば金額、事実上の一括投資（年１２０万円まで）をすることも可能ですが、クレジットカードでのポイントがつかないためクレカ積立をお勧めいたします。

投資するファンドを選ぶに当たっては、資産別・過去30年間の投資リターンおよびリスクを確認しました。私は現在50歳なので、今後65歳となる15年後の時点で、投資金額を最大化する商品を選びたいと考えています。この程度のスパンであれば、近年の世界経済や株式投資のトレンドが継続すると考え、「オルカン」（ｅＭＡＸＩＳ Ｓｌｉｍ全世界株式）に代表される全世界株式分散投資には振らず、パフォーマンス重視で米国株に集中させることにしました。

各資産の過去30年間のリターンは図1の通りです。

図1 インデックスの年平均リターン

	1年	3年	5年	10年	15年	20年	30年
TOPIX	19.80%	15.30%	9.10%	9.00%	8.90%	6.00%	2.70%
日経	8.50%	9.20%	6.40%	7.60%	8.70%	5.30%	1.40%
全世界	11.10%	7.20%	8.00%	7.40%	9.60%	7.80%	7.30%
先進国	10.70%	9.20%	9.30%	8.40%	10.40%	8.40%	8.60%
S&P500	8.40%	9.80%	10.70%	11.00%	12.40%	9.20%	9.60%
新興国	11.30%	-3.30%	2.00%	1.60%	6.10%	7.00%	5.10%
NASDAQ100	24.50%	8.70%	15.30%	15.20%	16.90%	12.10%	10.10%

図2 インデックスのリスク

	1年	3年	5年	10年	15年	20年	30年
TOPIX	11.10%	12.50%	14.60%	14.70%	16.20%	16.80%	17.30%
日経	14.40%	16.00%	17.00%	16.40%	17.60%	18.20%	19.20%
全世界	15.40%	17.10%	17.80%	14.50%	15.70%	15.60%	15.40%
先進国	15.20%	17.90%	18.60%	15.00%	16.10%	15.80%	15.50%
S&P500	14.90%	17.70%	18.60%	14.90%	15.30%	14.80%	15.10%
新興国	22.00%	18.00%	18.90%	17.00%	19.30%	20.80%	22.00%
NASDAQ100	21.30%	22.50%	22.20%	18.20%	18.10%	18.20%	25.60%

図3 シャープレシオ

	1年	3年	5年	10年	15年	20年	30年
TOPIX	1.78	1.22	0.62	0.61	0.55	0.36	0.16
日経	0.59	0.58	0.38	0.46	0.49	0.29	0.07
全世界	0.72	0.42	0.45	0.51	0.61	0.5	0.47
先進国	0.7	0.51	0.5	0.56	0.65	0.53	0.55
S&P500	0.56	0.55	0.58	0.74	0.81	0.62	0.64
新興国	0.51	-0.18	0.11	0.09	0.32	0.34	0.23
NASDAQ100	1.15	0.39	0.69	0.84	0.93	0.66	0.39

上記データは配当込みで、為替の影響を除く

トミィ作成

図4　ナスダックの個別株を放置したら

	NASDAQ総合指数（年率）	NASDAQ全銘柄の中央値（年率）	プラス銘柄数	NASDAQ平均を上回った銘柄	NASDAQ100（年率）
1年	24.50%	-11.10%	37.30%	15.30%	33.00%
3年	5.40%	-6.70%	37.20%	26.80%	9.30%
5年	14.30%	-0.90%	47.20%	14.90%	18.60%
10年	13.40%	2.90%	60.40%	16.20%	17.20%
20年	10.40%	4.50%	69.90%	22.90%	13.50%

ナスダック総合指数（ナスダック100とは違う）の中でプラスになる銘柄は、
5年では半分以下。ましてやナスダックの平均を上回る銘柄は2割程度。
この2割を選択できれば良いが、難しい。

成長株投資の個別株は難しい
どうしても成長株投資をやるなら、
ナスダック100を買え！

トミィ作成

過去1年から30年に至るまで、ほとんどの年数でナスダック100指数のパフォーマンスが他を圧倒しています。これに次ぐのがS&P500で、リターン追求に特化するなら自然と米国株一択になります。この間のリスク（資産価格の振れ幅）を見ると、高いリターンを上げた資産が必ずしも一番高いわけではありません。図2はリスクの表になります。値が大きいものは振れ幅が大きいのですが、S&P500が全世界に比べて大幅にリスクが高いかといえば、そんなことはありません。

さらに図3のシャープレシオを見てみましょう。シャープレシオという指標の数値が高いほど、リスクを取ったことによって得られた超過リターンが高い（＝効率良く利益を獲得した）ことを意味します。この結果を見ても、効率的に増やすには「ナスダック100が良い」ということになります。

これが、私のつみたて投資枠の投資戦略です。15年先をゴールにしている私には、リターンを犠牲にしてまで全世界へ分散するメリットがないのです。たとえ30年先がゴールだとしても、将来スイッチング対応されれば、売却せずに資産の中身を変更することができるので、全世界への投資はそこからでも遅くはありません。

結論として、ナスダック１００一択で良いことになりますが、私個人はより幅広く米国株に投資できるＳ＆Ｐ５００が好きなので、両方買うことにします。

ナスダック１００の成長力に期待して、今後も年率10％で運用できると考えます。月10万円の積立投資を５年継続して枠を使い切ったとき、元本６００万円が７７４万円に成長している計算です。そのまま10年放置すれば２０９５万円になり、15年で老後２０００万円問題はもはや問題ではなくなります。売却益は１４９５万円となり、約３０３万円の免税ができるとなれば、新ＮＩＳＡの威力の大きさを実感していただけるでしょう。

成長投資枠は日本高配当株ＥＴＦと個別株の併用で収入補填を

成長投資枠では、インカムゲインを狙って日本の高配当株に投資します。こちらは開始時に一括で、年の上限である２４０万円を投資することができます。投資タイミングは焦ることなく、毎月20万円ずつ資金を投下していく予定です。途中で大きく下がるタイミングがあれば、毎月の投資予定金額を超えて、成長投資枠上限まで徐々に投下していきます。

成長投資枠も5年かけて枠を使い切ります。配当金は年率4％を目標とし、15年後には毎月5・5万円の配当金を得られるように組んでいきます。保有する銘柄の株価上昇が年率2・6％あれば15年後に1659万円になり、元本1200万円に対する配当利回りは5・5％になる想定です。

新NISAの非課税メリットを生かすには、プラスが出るまで長く保有できる銘柄を選ぶことです。当たれば大きいが外れると鳴かず飛ばずになりそうな成長株への投資はリスクが大きく、マイナスが出たときに損益通算ができないNISAのデメリットをもろに食らう可能性があります。よほど銘柄選定に自信があれば良いのですが、そうでない場合は低コストのインデックスファンドやETFを利用した分散投資がお勧めです。銘柄固有の事業リスクを考える必要がないので、長く持っていればいずれプラスになるとのんびり構えることができます。

米国のハイテク成長株が集まるナスダック市場が良い例です。上場している約4000銘柄のうち、5年間の投資リターンがプラスになる銘柄は何と全体の半分以下です。ましてやナスダック総合指数を上回るリターンを上げた銘柄は2割程度しかなく、成長株の銘柄選択でインデックスを上回るのは非常に厳しいと理解するべきでしょう。成長株投資をしたいなら、素直にQQQを買えば良いと思います。

次は成長投資枠での投資を考えているETFについてです。

米国の高配当株に投資するＥＴＦもありますが、ＮＩＳＡで投資する場合、分配金（株式の配当金に当たる）に日米両方でかかる「二重課税」を回避することができない点が大きなデメリットとなります。課税口座で米国ＥＴＦを購入し分配金を受け取った場合、米国に支払った外国税の10％が確定申告することで還付されます。ＮＩＳＡ口座の場合は、二重課税にならず還付されないため、非課税メリットが軽減されてしまいます。また65歳以降に受け取るＥＴＦの分配金は収入の補填目的なので、為替の影響を気にすることなく、円で受け取れるほうが良いでしょう。加えて、より配当利回りを上げるために個別株への分散投資も併用します。ＳＢＩ証券の単元未満株サービス（Ｓ株）は、手数料無料で日本株を1株単位で安価で購入できますので、複数銘柄への分散が容易にでき、リスク分散が可能になります。

もちろん、長期投資では状況に応じて投資方針を変える局面がくることもありえます。大きく成長する確信が持てる銘柄を見つけた場合や、不動産投資などほかに収入を補填する手段を確立できたためＮＩＳＡはキャピタルゲイン狙いに全振りする、想定と全く異なる状況になってしまった、といった場合です。家族の状況、ビジネスの変化、市況の変化などに対応できるよう、構えすぎず、柔軟な姿勢で投資を続けていきましょう。

新ＮＩＳＡをしゃぶりつくす「6つの裏技」とは？

中年・壮年以上の年齢である程度の資産を持っている人には、私の新ＮＩＳＡ活用法を参考にしていただけるでしょう。

一方で、資産形成段階の20～30代の人は、キャピタルゲインの最大化に努めていただければと思います。1800万円の投資枠を、インデックス投資で使い切ることを目標にしてください。

仮に20歳から毎月5万円の積立インデックス投資を30年間行った場合、1800万円の枠を使い切り、この間年率5％リターンで運用できれば、最終的な資産総額は4161万円に成長する計算です。運良く年率10％で回れば、資産総額は1億1302万円に達します。若いうちは収入が少なく投資資金の捻出が難しいと思いますが、ボーナスを活用してできるだけ早く投資枠を埋めていきましょう。

50～60代の人で、まだ資産をさほど多く形成できていない人がいるかもしれません。その場合でも、効率良く資産を成長させられるインデックス投資を行っていきましょう。インデックス投資でプラスになるためには、最低でも15年の投資期間が必要です。追加投資ができなくなっても、資産を切り崩しながら運用も続けるスタイルで15年以上の運用期間を確保しましょう。

最後に、新NISAを利用する際に覚えておいてほしい「裏技」を6つご紹介します。

1つ目に、売却可能で枠の復活があるという特徴を生かすことです。自分の事情に応じて取り崩すことができるわけですから、つまりインデックス投資を貯金と同じように考えることができるのです。インデックス投資をマイホームの頭金や子どもの進学資金といった、大きなイベントの資金作りとして活用していきましょう。

図5 各社のポイント概要

証券会社	カード名	年会費	ポイント還元率(%)	月5万円積み立ての場合の年間ポイント
SBI証券	三井住友カードNL	永年無料	0.50	3,000
	三井住友ゴールドNL	5,500円（年間100万円の利用で永年無料）	1.00	6,000
	三井住友プラチナプリファード	33,000円	5.00	30,000
楽天証券	楽天カード	無料	0.50	3,000
	楽天ゴールドカード	2,200円	0.75	4,500
	楽天プレミアムカード	11,000円	1.00	6,000
マネックス証券	マネックスカード	無料	1.10	6,600
auカブコム証券	au PAYカード	無料	1.00	6,000

NISAを開設している証券口座にこだわらず、ポイントが取れる証券口座があれば積極的にクレジットカードを使った積み立てを行う

トミィ作成　(注)法令改正があり次第、積立上限が月10万円に引き上げられる可能性あり

ただし、一時的に含み損を抱える局面もあり、そこで換金するのは惜しいと思います。イベント資金は現金貯蓄と組み合わせて用意しましょう。

2つ目に、複数銘柄への分散を行いましょう。資産の売却を行う場合、含み益が少ない銘柄を売却したほうが、次に購入する際の枠が大きくなります。

例として、20歳から新ＮＩＳＡで月５万円の積立投資を15年間行った後、住宅購入の頭金を用立てるために一部売却すると考えます。ここでパターン1として15年間同じファンドを積み立てた場合と、パターン2として10年後に同じ指数に連動する別のファンドに換えて積み立てた場合を比較します。

年率７％で運用できたとして、パターン１では資産総額は１５８４万円となり、含み益

は684万円です。パターン2では資産総額は同じですが、先の10年間積み立てたファンドの含み益が626万円（元本600万円）、後の5年の含み益が58万円（元本300万円）に分割されます。

ここで住宅の頭金として358万円分を売却した場合、パターン1で翌年に復活する枠は203万円ですが、パターン2で後の5年に積み立てたファンドを売却すれば、枠が300万円復活します。パターン1では含み益が投資元本全体に平均的に乗ってしまうので、パターン2に比べて復活する枠が100万円も少なくなってしまうのです。ある程度利益が乗ったら、同じインデックスの違う銘柄を買うことで含み益が少ない銘柄を作っていきましょう。

3つ目に、銘柄を買い直したり、入れ変えたりする操作も検討しましょう。一時的に50%の含み損になっているものの、先々の見込みは悪くない銘柄があるとします。この銘柄を12月に売却して、翌年に復活した枠を埋めるように買い直せば、前年に比べて株数が一挙に倍になります。これに伴ってポートフォリオ全体の配当利回りを向上させることができるのです。同じ銘柄でなく、ほかの銘柄に入れ替えても同じことです。銘柄を変えれば分散効果が出るので、より良いでしょう。ただし、年間投資上限は変わらないので、これが有効活用できるのは、翌年の投資予定資金が年間の上限に達しない場合や、すでに成長投資枠の1200万円を使い切ったNISA投資の最終年になります。

4つ目に、クレジットカードで積立投資をしてポイントを稼ぎましょう。一定期間が経過したのちに売却して、成長投資枠を使って買い直せば、直接購入するよりお得に投資することができます。ＳＢＩ証券なら三井住友カードのゴールドＮＬやプラチナプリファードで積み立てれば、１％または５％のポイントを獲得できます。マネックス証券ならマネックスカードを経由すると、１・１％のポイント還元が受けられます。ポイントでさらにファンドが買えるので、投資効率がさらに良くなります。（１３１ページ図５参照）

５つ目は、一括投資にこだわらず積立投資を柔軟に活用しましょう。２０２３年までの20年間で、Ｓ＆Ｐ５００に連動するファンドに毎月１万円の積立投資をした場合と、毎年初めに12万円を一括投資した場合を比較したところ、投資金額２４０万円に対して、積立投資の資産総額は５７８万円となり、年初一括投資では５９２万円になりました。違いは14万円で率に直せば約２・４％、年率換算なら０・12％しか違いがありませんでした。積立投資ならクレジットカードの利用でポイントを稼げますし、経済状況を見て慎重に投資したい場合もあるでしょう。この程度の差であれば、リスク管理も加味して、積立投資をお勧めします。

最後の６つ目、家族がいる場合は利用できる全員の名義で口座を開設して、非課税メリットを最大化しましょう。自分自身のＮＩＳＡ枠だけにとどまらず、配偶者や成人の子どもの枠も考えて投資することが望ましいです。投資資金については、年間で１１０万円の贈与非課税枠があるため、この範囲内で用立てる分には税金はかかりません。贈与非課税とＮＩＳＡのインカム／キャピタルゲイン非課税のメリットをフルに活用して、効率良く資産を形成していきましょう。

長期視点なら国力落ちる国内より海外進出を進める企業を狙え

ごはん

バリュー投資型
ポートフォリオ

ごはん
40代専業投資家。投資歴17年で資産10億円を達成した知る人ぞ知るバリュー投資家。2016年に勤めていた会社を辞め専業主夫に。多くの億り人との人脈があり、ひとたびオフ会を開けば全国から個人投資家が集まるほど幅広い人脈を持つ。

買い値にこだわる長期投資

私の投資手法は、分類するならばバリュー投資になるかと思います。ただ、一般的にいわれている資産バリューや収益バリューといった手法とも若干違うと思います。強いていうならば、買いのタイミングや買い値にトコトンこだわった長期の逆張り手法という感じです。市場の行きすぎや勘違いを見つけ、そこにベットして我慢強く回復や成長をひたすら待つというものです。具体的な取引の事例を挙げたほうがわかりやすいでしょう。

例えば、コロナが本格的に国内に影響を与え始めた2020年度の第一四半期。4月頭から始まった東京都の外出自粛要請を受けて、人が集まる多くの事業者が時短営業や臨時休業を決めました。そして4月25日からは政府の緊急事態宣言が発出され、さらに営業自粛が広がりました。その影響を大きく受けた業界の1

ごはんのポートフォリオ　保守的編

●投資額

全額

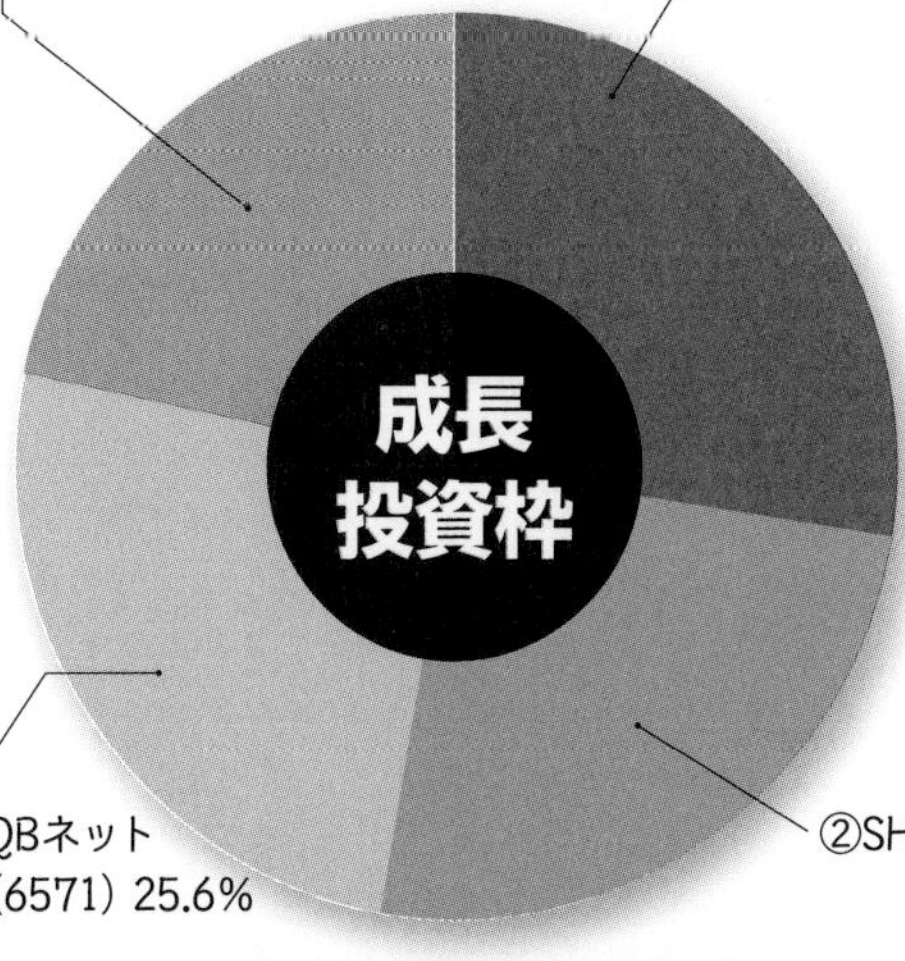

●投資額

①永谷園HD

2157円×300株＝64万7100円

②SHINPO

1200円×500株＝60万0000円

③QBネット

1509円×400株＝60万3600円

④フジマック

842円×600株＝50万5200円

つに百貨店があります。全く営業できず売上が立たないため、当然のことながら決算は巨額の赤字になり、百貨店株は大暴落しました。

私はここで大きく買いに動きました。考えたシナリオはこうです。まず、このままコロナが10年以上も猛威を振るい続けるようなことがあれば、そのときはどんな株を持っていても同じことになるでしょうから、百貨店株だけがリスクを負っているわけではないということです。そのうえで、仮にコロナが落ち着いて、再び外国人旅行客が来日しインバウンド効果で売上が元に戻れば、暴落した株価は必ずや回復するとの確信を持ちました。その時点では、回復が何年後になるかはわかりませんが、その何年間かを持ち続けてさえいれば、かなりの高確率で資産を増やすことができる、そう考えたのです。

結果は皆さんご存じの通りです。大幅円安の追い風もあり、海外旅行者がブランド品を含めた免税品を買い求める動きで業績は急回復しています。その間、実に4年。この4年を普通の投資家はなかなか待てないようです。私のシナリオのゴールは、「中国人旅行客がコロナ前のように大挙して国内を訪れる世界の到来」なので、徐々に利益確定をしながら保有を続けています。

このように、株価が安いと思えるタイミングで購入し、復活や成長をじっくり待つというのが私の基本的な投資スタイルです。ですので、新ＮＩＳＡのような長期保有を前提とした制度には、割とピッタリはまるのではないかと、個人的には思います。

２４０万円という枠を使って大切な資金を皆さんがどのように運用すべきかを考えたとき、やはり分散投資が必要と考えました。そこで、４つの銘柄にほぼ均等に分散するポートフォリオを組みました。４つぐらいに分散しておけば、仮に１つの銘柄に不測の事態が起きても、残りの３つでリスクを軽減できると考えるからです。

銘柄選定に当たっては、日本は少子高齢化などもあり国力の低下から国内消費の伸びは厳しいだろうと予想されるため、これから徐々に海外進出を進めていく企業を中心に選定しました。

それでは1銘柄ずつ具体的に紹介いたします。

日本食を世界へ発信する企業

まずポートフォリオ1つ目の企業は、永谷園（２８９９）です。

永谷園には皆さんどのようなイメージをお持ちでしょうか。商品としては、お茶漬けやお味噌汁をよくご存じかと思います。業界で初めてフリーズドライ方式の即席味噌汁を開発したのが永谷園です。また、大相撲の懸賞金の最大のスポンサーでもあり、土俵周りを懸賞幕を持って歩いている純国産なイメージが強いですよね。でも、実は売上の42％を海外で稼ぐ企業なんです。この一般の人々と企業の実態との間にギャップがあるのが投資対象としてとても魅力的です。実際、株価指標であるＰＥＲが10倍ほどと、とても割安に放置されています。

年々海外売上比率が上昇し、利益率も数年前より高くなっていますが、特に好調なのがフリーズドライ事業の英子会社であるブルームコ（３５５４）です。人口増加が見込まれる海外で進む日本食ブームや健康志向など、食の多様化をフリーズドライ加工技術を中心に戦略的に推進していく企業姿勢を明確に打ち出しています。シュークリーム専門店であるビアードパパなどの洋菓子関連の子会社の商品も、今後海外で売上が伸びるかなと期待しています。

同社は今後も国内外でのM&Aに積極的な姿勢を示しています。また、配当利回りは1％ちょっとの水準で決して高くないですが、配当性向自体がそもそも15％と低めに抑えられています。会社四季報の２０２３年夏号では、自己資本比率が40％を超えるまでは増配しないとの記載があり、会社側は否定しているようですが、今期その40％を超えてくる見込みのため、増配期待も長期保有にはプラスに働くものと思います。

業界シェア8割の圧倒的製品を世界へ

ポートフォリオ2つ目の企業は、ＳＨＩＮＰＯ（５９０３）です。

皆さんは、焼肉チェーン店といわれたらどのようなお店を思い浮かべるでしょうか。「焼肉きんぐ」「七輪焼肉安安」「安楽亭」「牛繁」「ときわ亭」「あみやき亭」「焼肉ライク」等々、挙げ出したらきりがないほどたくさんあります。

そんな焼肉店の風物といえば、焼肉を焼く網であったり、煙を吸い取るダクトであったりするかと思います。このＳＨＩＮＰＯという会社は煙が漏れないようにする焼き台の無煙ロースターで国内シェア8割を占める、界隈では有名な専業メーカーです。

同社の製品は、名前にもある通り煙が出ないので、天井や壁や床の油汚れや匂いが比較的少なく抑えられます。排気も効率良く行っているので、店内の空気もきれいで冷房や暖房などの効きも良くなるという、店舗にとってはメリットが大きい製品であり、これがなければ焼肉屋チェーンの経営は成り立たないといっても過言ではありません。デメリットとして、無煙ロースター内の掃除が大変だということがありますが、その部分についても汚れにくい工夫や掃除のしやすさなどを売りにした製品特長があります。例えば「新冷却トップリング採用で排気風量20％、油汚れ80％ダウン。電気代&ガス代の年間ランニングコストが約48万円お得になり、ロースター内部の清掃も楽になりました」との特徴が製品ページに記載されています。

このように業界をほぼ独占している同社の無煙ロースターですが、２０２１年には10％近く増加した焼肉屋の店舗数は、２０２３年は横ばいが見込まれています。すでに業界の8割ものシェアを握っているため、これ以上国内で販売台数を伸ばすことにも限界があります。そこでアジアを中心とした海外への輸出を増やそうと努力をしているところです。現在の海外売上比率は10％にとどまりますが、アジア向けを拡大することで5年後には20％に引き上げる計画です。もしこの計画が達成できるのならば、海外知名度も上がり販売台数は加速していく可能性もあるでしょう。ただ、それでも5年後で10％ほど増えるだけですので、やはり市場からの期待はそれほど高くなく、ＰＥＲも10倍割れと株価は割安で、あまり期待されていない様子がうかがえます。それもあってか配当利回りも3％前後と比較的高めです。

そんな中、私が注目するのが近年始めた「網洗浄サービス」です。店舗の網を洗浄して返す地味なビジネスであり、当然のことながら利益率もさほど高くありません。では、なぜこのサービスに注目するのか。それは、これまでの同社のビジネスモデルは、単純に無煙ロースターを店舗に販売し、故障などがあれば連絡をもらってメンテナンスに行くような、売り切りモデルだったと思います。ダクト清掃サービスもありましたが、それほど頻繁な店舗訪問は必要なかったでしょう。しかし、この「網洗浄サービス」を契約してもらえれば、かなりの頻度で定期的に店舗を訪れる機会が増え、店舗開発や運営の総合サービス事業へ乗り出すきっかけとなるツールとなりえるのです。

同社の無煙ロースターにはさまざまなバリエーションがあります。店内に設置する排気ダクトの配管も天井にするのか床下にするのかであったり、キャスター付きのノンダクト式無煙ロースターは、配置を自在に変えたいホテルのパーティー会場や宴会場など、排気ダクトを設置できない店舗に使われたりします。また焼き方1つとっても、食材を乾燥させずやわらかくジューシーに焼ける「セラミック炭」をはじめ「熔岩セラミックス」、「熱板」、「炭火」という4種類の熱源から好みに合わせ選ぶことができます。このように、デザインや演出、使い勝手、コストなどから要望に合わせた商品を選べるということは、商品知識が豊富な同社の営業マンこそプロデュース力を持っているのではないでしょうか。

利益貢献が少ない「網洗浄サービス」ですが、これこそが同社の事業モデル変革の起点になる可能性があるのではないかと期待しています。

世界一の理美容技術を世界へ展開

ポートフォリオ3つ目の企業は、QBネット（6571）です。

同社が展開するQBハウスは、安くて早い散髪屋さんとして皆さんにもおなじみかと思います。驚異の時短を実現するカギが「エアウォッシャー」という器具に代表される独自の散髪器具にあります。「エアウォッシャー」は散髪後に頭に残った髪を一気に吸い上げて取り除くもので、通常20～30分はかかるシャンプー&ブローの時間を数十秒へ一気に短縮しています。

この企業も店舗の2割が海外にあり、海外売上比率も19％となっています。2023年6月末時点で、国内575店舗に対し、シンガポールに30店舗、香港に61店舗、台湾に30店舗、アメリカに5店舗出店しており、カナダにも新規出店を計画するなど海外展開を強化しています。

もともと日本人をはじめとするアジア人の黒髪は世界で最も硬く、切りにくい髪と見られているそうです。そんな中で、アジアで理美容師の資格制度を持つのは日本のみであり、日本の理美容技術は世界一といっても過言ではないと、北野社長が語っています。海外展開に当たっては、素人にもわかりやすく短時間でカットする技法や、日本式接客を伝える育成プログラムをしっかりと整えているため、ただ安いだけではなく技術の裏づけもあるわけです。香港では全店値上げをしましたが、客数は落ちず売上を伸ばしています。

日本国内でも2023年4月から、それまでの1200円から1350円へ10％以上の値上げを実施しました。当初、値上げには批判的な声もあり、実際に客数が減少してしまいました。しかし、これはQBネット側も戦略的に客数を減らした側面があるようです。QBハウスの店舗には混み具合を示すランプが点灯しており、すぐカットができる青色から、5～10分待つ黄色、15分以上待つ赤色となっていますが、黄色や赤色のときでも店舗内を見ると席が空いていることが多いです。理由は、従業員不足です。コロナ禍を経て接客業は働き手不足で苦しんでいるところが多いですが、QBハウスも同様です。そこで、客数が減っても値上げで得た利益を従業員の給料に振り向けるという施策を取っています。

従業員不足や値上げによる客数の減少を嫌気して株価は下落傾向でPERも10倍ちょっとで推移していますが、むしろこれから再び売上と利益を伸ばしていく準備段階であるように私には見えます。皆が期待しておらず、悲観して売っているように思えるときこそ、私にとっての絶好の買いタイミングになります。

日本食店舗の海外進出が追い風に

ポートフォリオ4つ目の企業は、フジマック（5965）です。これまで上げた3つの銘柄の中で、一番みなさんに馴染みのない会社かと思います。1950年創業のフジマックは、熱機器、冷機器からシンク、収納棚、運搬機器に至るまで、業務用の厨房機器を製造、販売、施工、メンテナンスまで行う業務用厨房機器の総合メーカーです。小規模な個人店というよりも、セントラルキッチンや豪華客船の厨房などの大規模なものを得意としています。

ですので、まず国内においては観光需要の高まりからホテルや外食からの引き合いの増加を期待したいです。また、アジアを中心に生産拠点・営業拠点を展開し、世界各国をネットワークしたグローバルな事業活動を推進しているため、今後日本食店舗の海外進出の際には、この会社の強みが存分に発揮できるものと思います。にもかかわらず、ＰＥＲは10倍未満、ＰＢＲも０・５倍割れと評価の低い状態です。実はこの会社、もともとは12月末権利取りで、１０００円のクオ・カードの優待がありました。１年以上の継続保有なら２０００円分になります。

しかし、２０２３年８月に優待廃止と増配が発表されています。私自身は、その優待廃止が発表され株価が大きく下落したタイミングで購入しました。業績悪化に伴う優待廃止は論外ですが、業績が伸びている中、増配も発表しての優待廃止による株価の下落は、私にとってはバーゲンセールに思えます。このようなタイミングで購入することも比較的多いです。

今回取り上げた4銘柄は、どれもＰＥＲ10倍前後という割安な銘柄ばかりです。私は基本的に銘柄を深くは調べないタイプなので、仮に事業が思うように伸びなくても、株価下落による大きな資産の目減りがなさそうな割安なものを選ぶようにしています。そういう意味でも、ある程度の期待を持ちながら、長期で安心して保有できるポートフォリオとして組めていると思います。

3つのセクター分散で
10年以上放置できる銘柄を選択

とりでみなみ

バリュー型
ポートフォリオ

とりでみなみ
長期分散投資を旨とする40代兼業投資家。自称、ほったらかし投資のスペシャリスト。20代のときに50歳で3億円を貯めることを目標に掲げ投資をスタート、現在の資産は2億円超。マクロの視点から未来を予測しての銘柄選択を得意とする。X（旧Twitter）：@torideminami。

兼業投資家だからこそ長期投資

新ＮＩＳＡ制度でポートフォリオを組んでほしいと依頼を受けた際、私はすぐにお受けしますと返答しました。なぜならば、新ＮＩＳＡ制度こそ、本当の意味での長期投資に最適なものであり、私の投資スタイルとぴったりだと思ったからです。

私の投資手法は、とにかく売買をせずに10年後もそのまま持ち続けていられそうな銘柄を探して「超長期投資」を目指すというものです。普段サラリーマンをしていますが、サラリーマンは日中に株の売買をすることは難しく、例えば帰宅後に適時開示情報を閲覧したり、４半期ごとに決算短信を読み込んだりしたりといった時間を極力割かないで、いかに株式投資をするかということに全力を注いでいます。

そんな私が考えた「成長投資枠」２４０万円でのポートフォリオをご紹介します。

とりでみなみのポートフォリオ

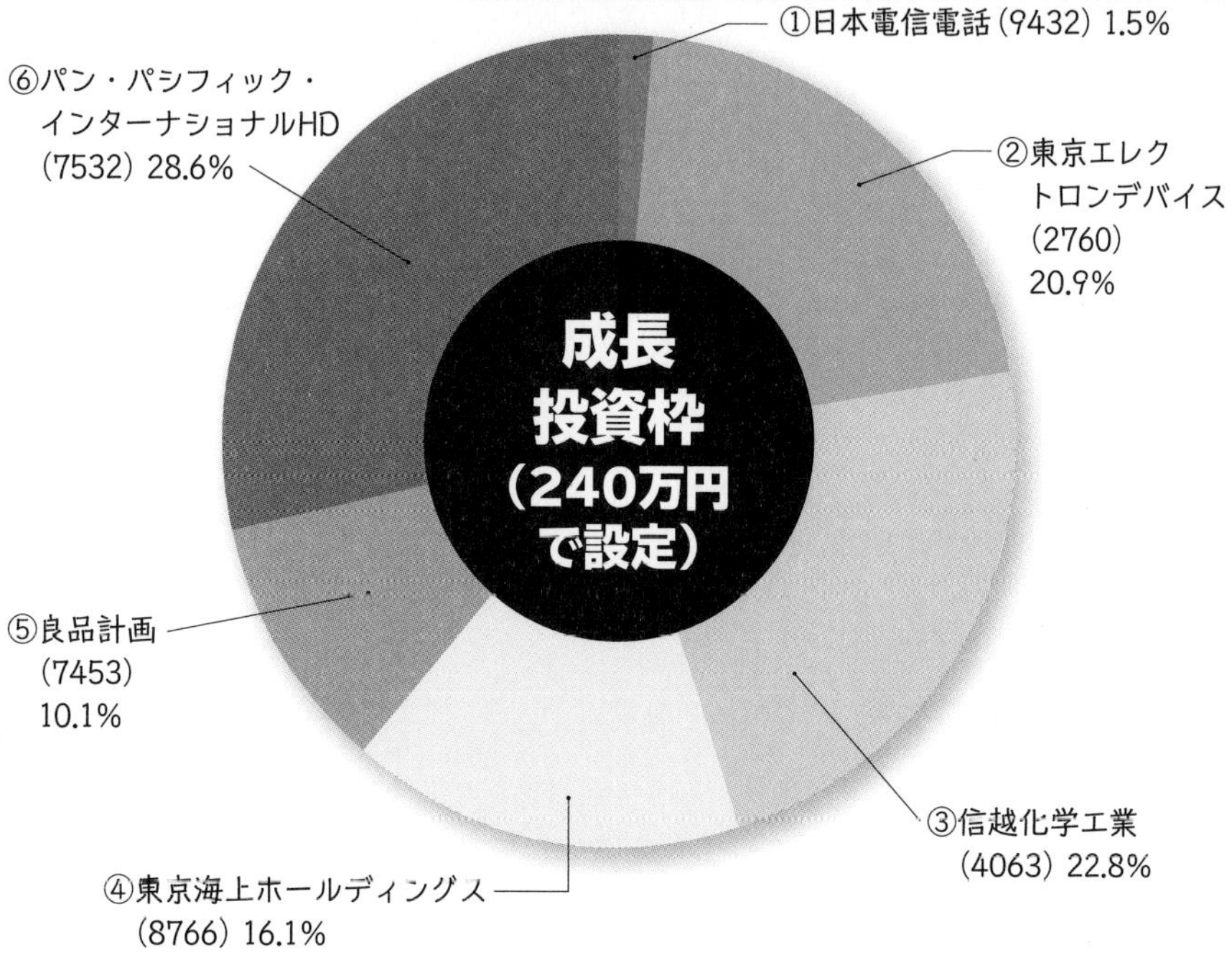

●投資額

①日本電信電話　173円×200株＝3万4600円

②東京エレクトロンデバイス　4765円×100株＝47万6500円

③信越化学工業　5205円×100株＝52万500円

④東京海上ホールディングス　3677円×100株＝36万7700円

⑤良品計画　2317円×100株＝23万1700円

⑥パン・パシフィック・インターナショナルHD
3270円×200株＝65万4000円

合計　228万5000円

半導体関連で素直に国策に乗る

ポートフォリオを組むということは、資産を1銘柄に全力集中させるのではなく、リスク回避のため、ある程度の分散が必要です。さらに、できることならば銘柄だけでなくセクターも分散させたいです。セクターとしては3つの考え方で組みました。「半導体」、「メイドインジャパン」、ディフェンシブ株としての意味も込めての「損害保険」です。1つずつ解説していきます。

1つ目は、「半導体」です。私はこれから半導体の黄金時代がくると確信しています。この確信は私だけのものではなく、日本政府が半導体の国内での生産体制を強化するため、2023年度補正予算案に約1兆9800億円を盛り込むことを決定したように、国を挙げての方針なのです。「国策に売りなし」あるいは「国策に逆らうな」という投資格言があるように、この流れには素直に乗りたいと考えました。

昨今よく話題になる「持続可能性」は人類の重要テーマの1つです。その中に資源の枯渇問題があります。石油やガスなど、地球上の資源はすべて有限ですが、地球外から降り注ぐ太陽のエネルギーはほぼ無限です。その無限のエネルギーを人類が活用しようとしたときに一番有力なのが太陽光発電による電気であり、それを制御するのが半導体です。今後も高性能化と大量生産で、さまざまな場面で使用されることが予想されます。

信越化学工業の株価推移（月足）

出典：「株探」(https://kabutan.jp/)

では、半導体関連でどの銘柄を選択するか。

ご存じの人も多いと思いますが、半導体業界は本当に複雑で難解です。大きく設計・前工程・後工程と分かれており、各工程も細分化されており、それぞれの分野を得意とする数多くの企業が存在します。

その中で、どの企業を買うのが良いのか本当に悩みます。悩んだときはもうシンプルに考えれば良いとのことで、選んだ1社が信越化学工業（４０６３）です。信越化学は半導体の原材料となるシリコンウエハーを製造している会社です。原材料ならたくさん使われるはずです。世界のシリコンウエハー製造は実質5社の寡占状態にあり、新規参入は難しい状況にあります。

２０２０年のシリコンウエハーの世界シェアは、信越化学工業が1位で31％、２位はＳ

UMCO（3436）で24％、台湾のGlobal Wafers（6488）が3位で16％、韓国のSK Siltronが12％、ドイツのSiltronic（WAF：GR）が12％となっています。シリコンウエハーの素であるシリコンはケイ石から作られます。ぶっちゃけ「石」なので、地球上に大量にあります。地球の表層部に存在する元素で1番多いのが酸素で約50％。2番目が約26％のケイ素です。酸素とケイ素からなるケイ石は、地球第1位と第2位の元素から作られているのです。

信越化学は、シリコンウエハー以外にも主力事業の1つである塩化ビニル樹脂でも世界首位であり、営業利益率が製造業では驚異の32・6％という、とてつもない高収益企業なのも魅力です。ただリスクとして、新しく炭化ケイ素（SiC）や窒化ガリウム（GaN）などの化合物半導体材料の研究が進んでいるため、それらがどこまで実用化されていくのかは注視しておきたいと思います。

もう1社ですが、本来ならばこれもシンプルに半導体製造装置で世界3位の東京エレクトロン（8035）を選びたかったのですが、株価が2万3890円なので、100株購入すると、この1銘柄だけで成長株の枠が埋まってしまいます。それではあまりに集中投資になりすぎるので残念ながら採用できませんでした。代わりに選んだのが東京エレクトロンデバイス（2760）です。最先端の半導体やITシステムなどをシリコンバレーを中心に海外から輸入して提供する専門商社でありながら、メーカーの機能を持ち高収益なプライベートブランド事業を

東京エレクトロンデバイスの株価推移（月足）

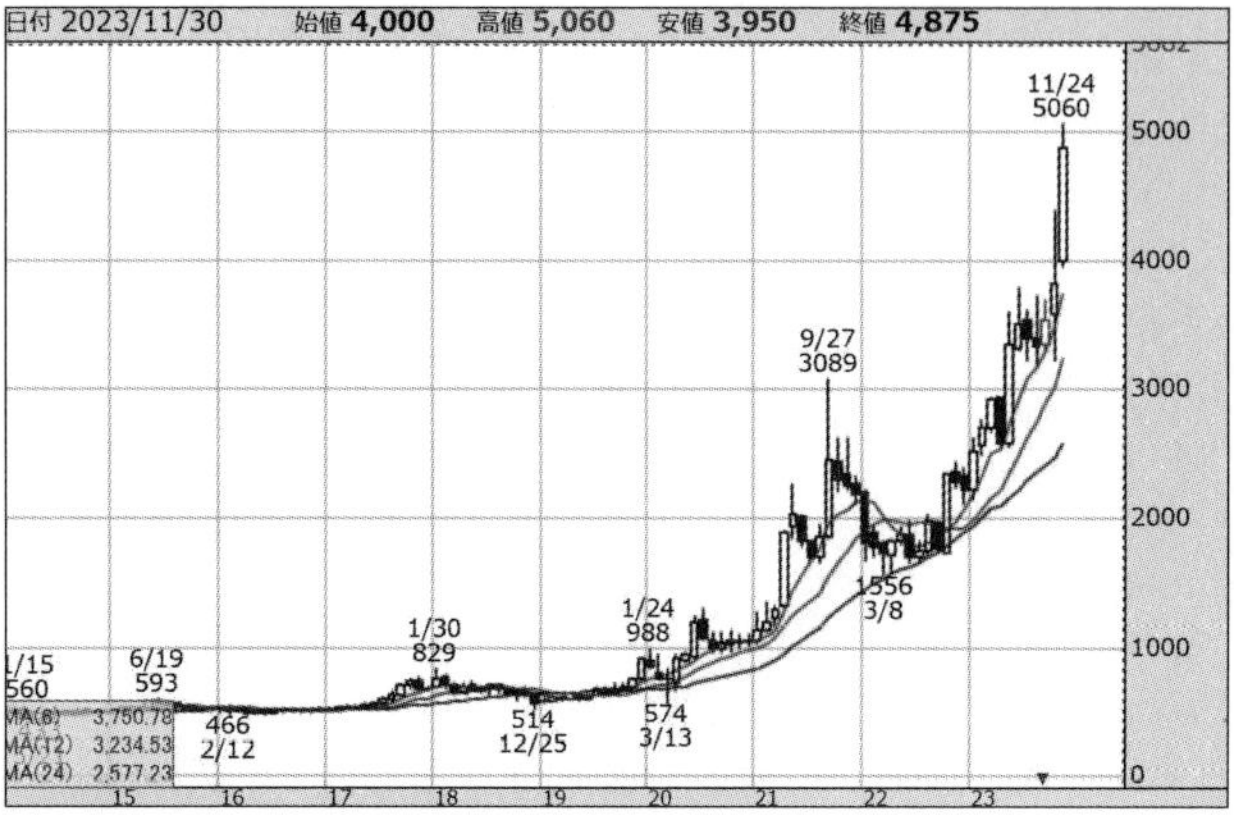

出典：「株探」(https://kabutan.jp/)

強化しているところに期待をしています。

「メイドインジャパン」をいかに海外に売るか

２つ目は、「メイドインジャパン」です。このテーマではドン・キホーテが有名なパン・パシフィック・インターナショナルホールディングス（７５３２）と、無印良品でおなじみの良品計画（７４５３）を採用しました。この２つの銘柄を上げた背景には、全世界における日本という国の特殊な立ち位置が関係します。

まず世界における日本のＧＤＰ比率を見てみます。戦後すぐの１９５０年には全世界に占める日本のＧＤＰはわずか３％でした。それが、高度経済成長を経て１９９４年には18％となりました。

この当時、世界経済の5分の1は日本だったのです。それがバブル崩壊とその後の失われた30年を経て、2022年にはたったの4％になってしまいました。日本の1人当たり名目GDPは2022年に台湾に抜かれ、2023年には韓国にも抜かれるのではないかと見込まれています。世界経済における日本の影響力は1950年ごろに戻ってしまったともいえなくもありません。世界中どこを見てもこれほど凋落した国はほかにはないでしょう。

これが何を意味しているか。さまざまなことが挙げられると思いますが、その1つに、かつては世界の5分の1を握るほど高度で成熟した経済活動をしていた国が、製品やサービスの品質そのままに新興国レベルに落ちたということです。

ニュースなどでも、海外からくる旅行者が日本の質の高い食事やおもてなしに感動し、なぜこんなに高付加価値のモノがこんなに安く提供されているのかわからない、といった反応を見ることができます。日本が世界の中でトップクラスから唯一凋落した国であるがゆえに、逆に唯一無二の存在として光り輝く存在になっているのではないかと分析しています。そこで注目されるのが「メイドインジャパン」というわけです。

パン・パシフィック・インターナショナルホールディングスが運営するドン・キホーテは、いわずもがな海外からの旅行客で繁盛しています。特にアジア圏からの旅行者には、あの独特の陳列はとても受けが良いようです。

しかし、私はそこよりも海外進出のほうに注目しています。722を数える店舗のうち10

パン・パシフィック・インターナショナルHDの株価推移（月足）

出典：「株探」（https://kabutan.jp/）

5店舗を海外に構え、海外売上比率は16％となっていますが、今後ＡＳＥＡＮを中心に出店を加速させる計画です。

この「メイドインジャパン」のモノを旅行者だけでなく、現地で直接販売することができる機能を持つ点に注目しています。どんなモノが流行るのかを長く将来にわたって予測し投資先の企業を選択することはとても難しいですが、どんなモノが流行るのであれ、それを売る販売網を持っている同社の株を購入すれば、長期にわたって安定的に事業が伸びていくのではないかと考えました。

もう1つの良品計画も同様です。同社の店舗の半数は中国を中心とした海外にあり、海外売上比率は38％、今後中国や東南アジアでの出店を強化していく計画となっています。良品計画の強みは、無印というブランド力を持つ点にもあります。高品質なものを、ブランド力を背景に、より高値で販売することができる可能性があります。

日本には、世界に通用するブランド力を持った企業はなかなかありません。「メイドインジャパン」のブランド力をもって、世界に発信できる企業となる最も近いところにあるのが同社ではないかと思っています。

2社とも、そのような期待でポートフォリオに組み入れました。ちなみに、どちらも株主優待を実施しており、良品計画は5％の割引優待カードを、パン・パシは6月末と12月末権利取りで2000円分の自社グループ電子マネー「ｍａｊｉｃａ」のポイントをもらえます。

ビジネスあるところに「保険」あり

3つ目は、「損害保険」です。損害保険会社のビジネスを簡単にいうと「契約者のあらゆるリスクに対して金銭面でサポートをするビジネス」です。この場合の契約者は個人だけでなく、事業者も含まれます。

さまざまなビジネスが行われる過程で、リスク対策として必ず保険は必要となります。どのようなビジネスが今後伸びてくるかを予想することは難しくても、そのビジネスで必ず必要となる保険を取り扱う会社を購入しておけば、大化けはなくとも手堅く資産を増やすことができると考えました。

「3メガ損保」と傘下の「4大損害保険会社」の売上高比較

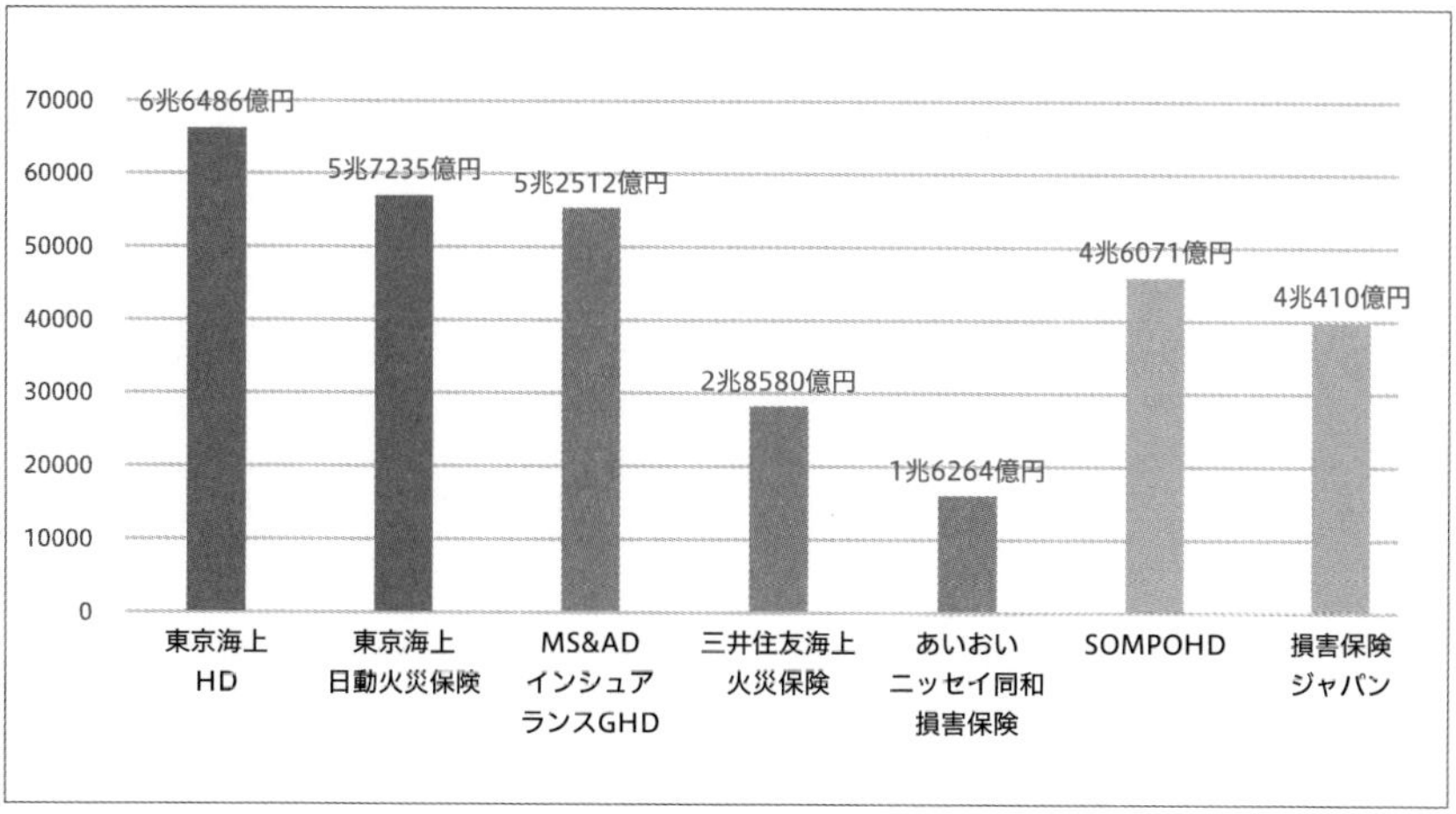

2022年度「損保主要4社」の利益比較

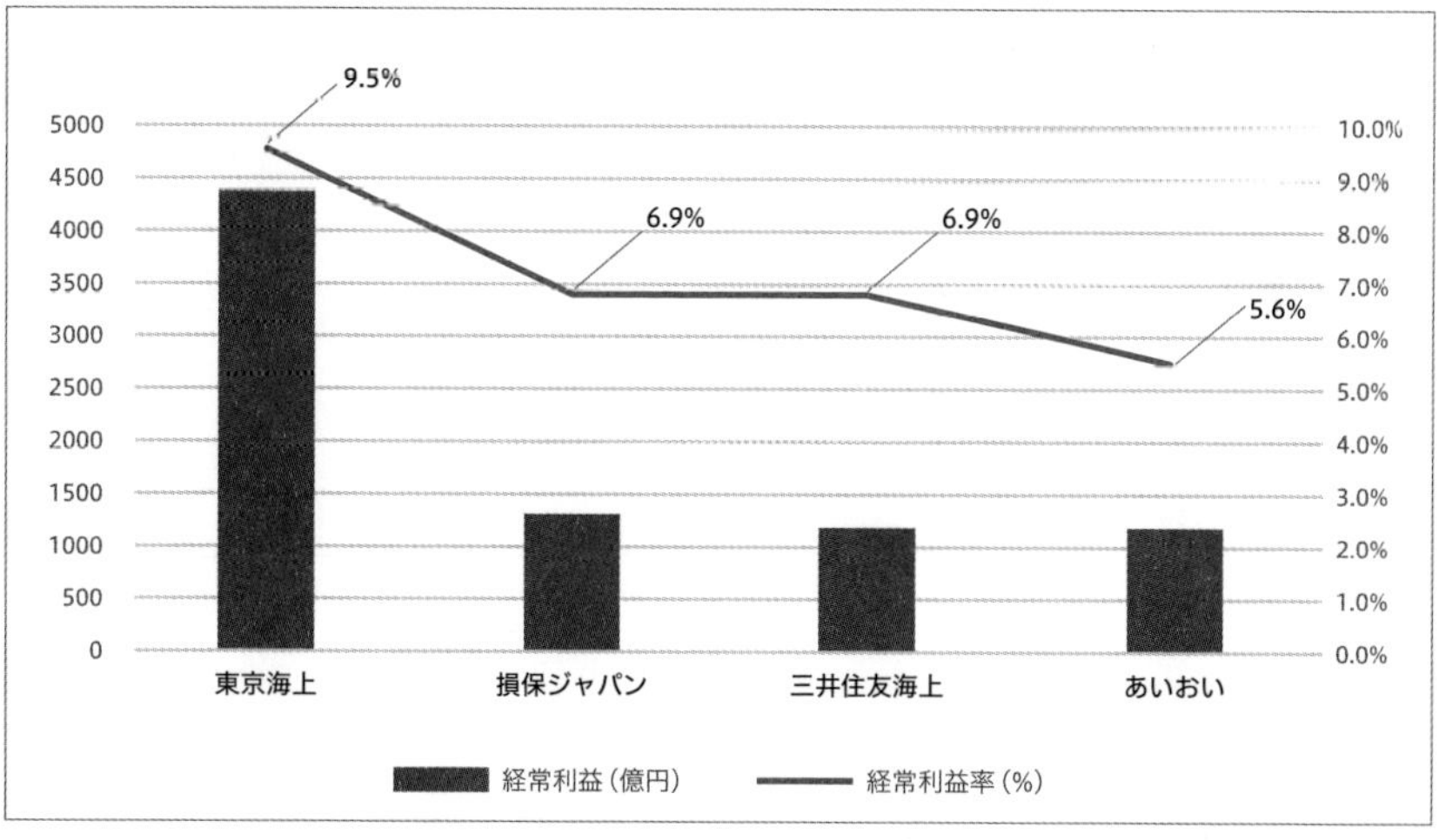

出典：2022年度各社の決算資料より

日本の損害保険業界は、東京海上ホールディングス（8766）、SOMPOホールディングス（8630）、MS&ADインシュアランスグループホールディングス（8725）の「3メガ損保」といわれる3つのグループに大きく分類できます。さらにそのグループには4大損害保険会社と呼ばれる、東京海上日動火災保険・損害保険ジャパン・三井住友海上火災保険・あいおいニッセイ同和損害保険が、それぞれ傘下にあります。

ちなみに、MS&ADインシュアランスグループという名称は三井住友の「MS」、あいおいニッセイ同和の「AD」が由来となっていて、両社は対等な存在で同じグループ内にいます。この3つのグループの中で、総資産、正味収入保険料、純利益において国内最大の損害保険グループが東京海上ホールディングスとなります（153ページ図上）。

4大損害保険会社を、もう少し詳細に見ていきます。経常利益の金額と経常利益率を示したのが153ページの下のグラフになります。

これを見ると、東京海上日動火災保険の経常利益が一番多く、かつ経常利益率が9・5%と他社に比べて非常に高くなっていることがわかると思います。ここがとても重要な点になります。東京海上日動火災保険は業界1位であることにより、一番割の良い利益率の高い保険のみを引き受けてビジネスをしていることがうかがえるのです。乱暴な言い方をすれば、2位以下の企業は東京海上日動火災保険より安い金額で保険を引き受けるか、同社が断ったようなリスクが高く質の悪い案件を引き受けているような構造になっているのです。保険会社は災害など

NTTの株価推移（月足）

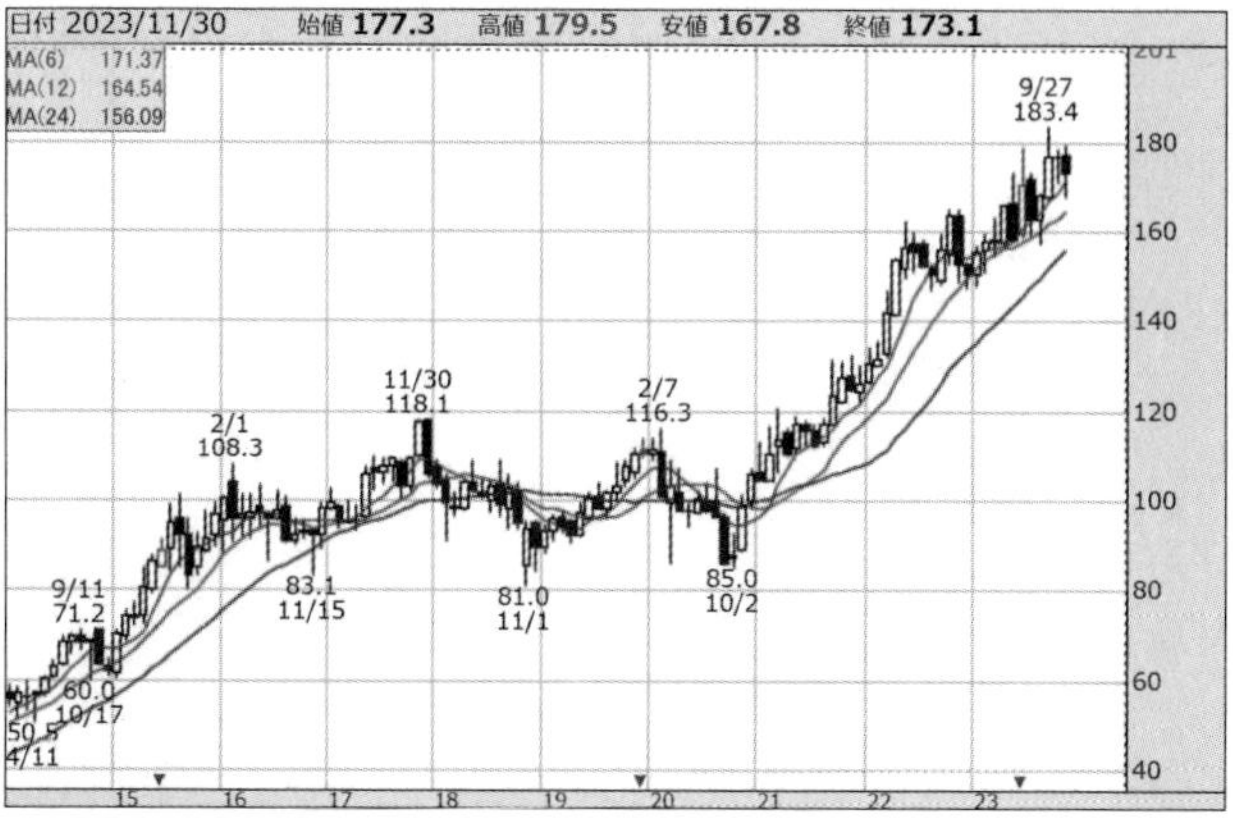

出典：「株探」（https://kabutan.jp/）

何らかのリスクが顕在化することにより支払いが膨らみ収益を悪化させる可能性がありますが、その中でも業界トップの同社が一番損害が少なくて済むということもいえるわけです。

　最後に、日本電信電話（９４３２、以降、ＮＴＴ）について触れておきたいと思います。せっかく２４０万円の枠があるので、残った枠は優待銘柄で埋めるのが王道かなと思います。どんな優待銘柄が良いかは本当に人それぞれなので、皆さんが好きな銘柄を組み入れれば良いと思います。

　そんな中でＮＴＴだけは少し説明が必要だと思うので採用させていただきました。

　まず、強烈な優待利回りの高さです。私も最初に利回りが20％を超えると聞いたときに、そんな馬鹿なことがあるわけはないと耳を疑いました。

ＮＴＴは１００株の単元株なら1万７３００円という少額で投資が可能です。そこに3％近い配当金に加え、2年以上保有すると優待として現金同等物として使えるｄポイントが１５０0ポイント分もらえます。実に利回り11％を超えます。さらに5年以上保有するとｄポイントが３０００ポイントに倍増するため、利回りが一気に20％を超えます。計算上、本当にそうでした。５年以上保有すればという条件つきですが、長期保有は新ＮＩＳＡの趣旨とも合致するため、あえて紹介させていただきました。

リスクとしては、この優待を5年後本当に実施するのか、仮に実施したとして続けられるのかといった疑問は普通に湧いてきますが、それを確認するうえでも、ここは購入してみて未来を楽しみに待つのも良いかなと思います。

ちなみに、私のポートフォリオではあえてＮＴＴを２００株としています。もし株価が想像以上に上昇した場合、単元株である１００株しか保有していないと、取れる戦略が「保有し続ける」か「売却する」の2択になってしまいます。しかし、複数単元あれば「一部売却」という選択肢が増えます。これには絶大な効果があります。「一部売却」した後、株価がさらに上昇したときには、残った部分で利益が得られますし、万が一下がってしまったとしても高値で売れた部分があると考えられ、どちらに動いても精神衛生上とても有効です。また「一部売却」した分は、再び１２００万円の枠として再活用できるのも新ＮＩＳＡの特徴を有効活用できます。

第3章

億り人のポートフォリオ分析

ファンドマネジャーが分析する億り人のポートフォリオ

なかのアセットマネジメント 運用部長
山本 潤さん

コロンビア大学大学院修了。哲学・工学・理学の3つの修士号取得。外資系投資顧問で日本株式ファンドマネジャーとして20年間運用に携わり、2024年1月より現職。日本株の成長株投資を得意とする。著書に『1%の人が知っている99%勝てる株が見つかる本』(かんき出版)ほか。

成長株ポートフォリオマネジャーは語る「今後10年は日本株!」

私は成長株に投資するファンドのポートフォリオマネジャーを長く務めてきました。株式投資の本道はやはり、世界の経済成長や人々の生活改善に強く関わり、天高く飛躍する銘柄を発掘して大きなキャピタルゲインを狙う成長株投資だと思います。

成長株投資は資産を急速に、大きく増加させる力を持っていますが、プロ・アマを問わず、もちろん百発百中というわけにはいきません。したがって、ポートフォリオを組む際には成長性に加えて収益性や財務の健全性、地域やセクター（業種）などを極端に偏らせることなく、バランスを取ることが重要です。

日本企業の経営改革も進行中

近年では米国株が人気を集め、日本株を軽んじる意見もよく耳にします。しかし私は、これから10年はむしろ日本株のウェイトを上げておいたほうが良いと思っています。日本株には明らかに変化が起こっているからです。

例えばＲＯＥに続いてＰＢＲの向上が上場企業に対して求められるようになり、経営改革が着実に実行されています。配当も一貫して増えてきました。

こうした経営努力が認められ、ウォーレン・バフェット氏の商社株買いをきっかけに、世界の機関投資家のお金が今や日本株に殺到しています。日本企業が改革の手を緩めない限り、資金の流入は続き、同時に企業の収益性も改善していくでしょう。

こうした観点から、今回、億り人の皆さんが作成した新ＮＩＳＡ用のポートフォリオを拝見し、私なりの感想を述べさせていただきました。読者の皆さんがポートフォリオを選ぶ際の参考にしていただければと思います。

桶井道氏のポートフォリオ

申し分なし！

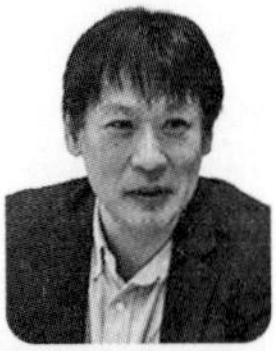

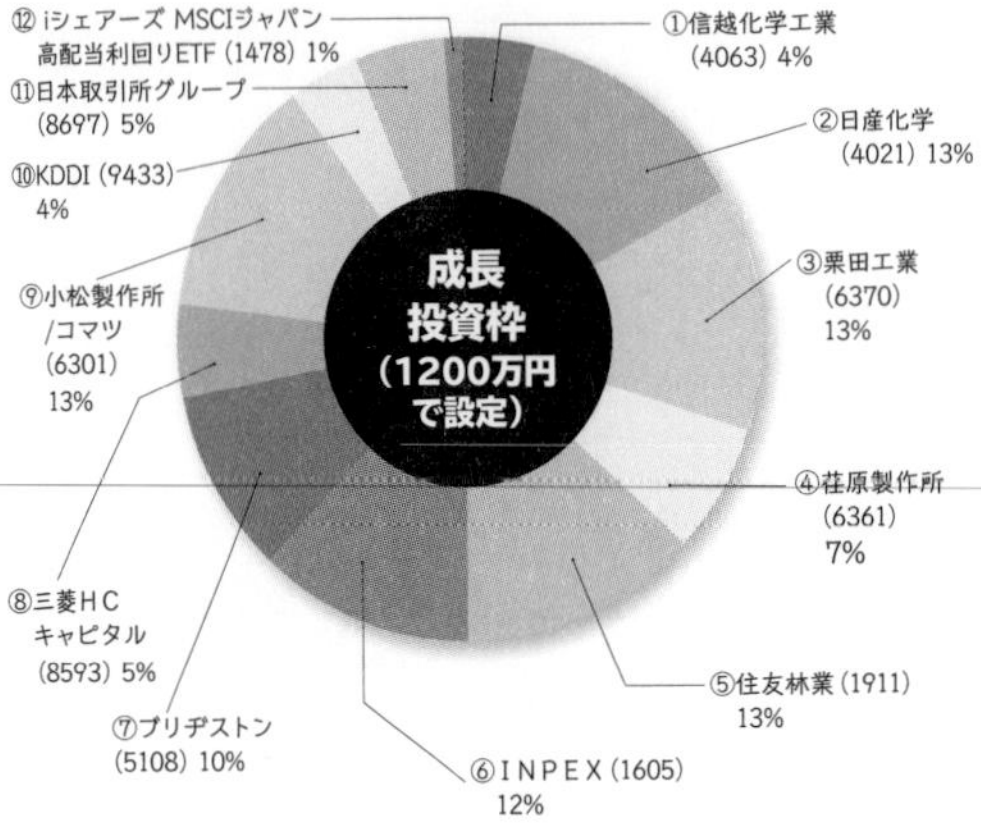

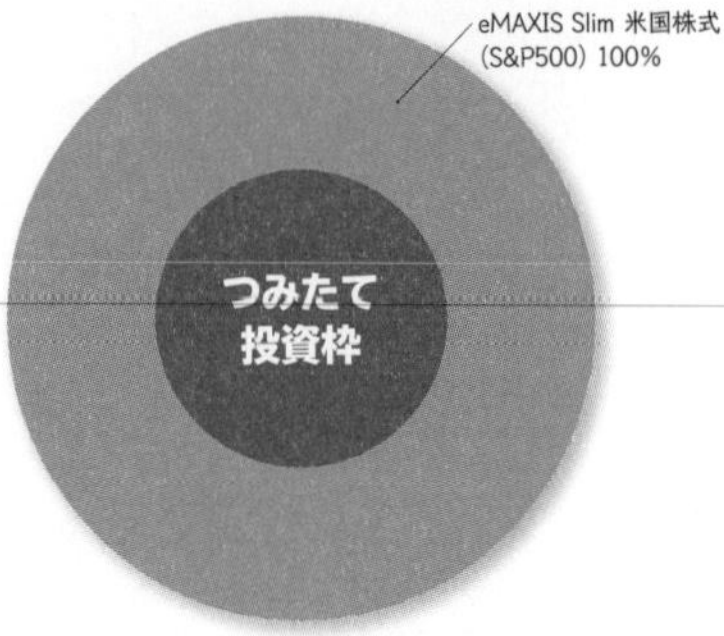

桶井道氏のポートフォリオ

つみたて投資枠ではS&P500インデックスファンド1本に投資。成長投資枠では信越化学をはじめとする11銘柄とETFへの分散投資ポートフォリオです。これはまったく申し分のない、納得のポートフォリオに仕上がっていると思います。

個別株は大型株重視で、事業リスクのある企業が1社もありません。持ちっぱなしでOKな銘柄が並んでおり、初心者がこのまま採用しても全く問題ありません。内需と外需のバランスが取れており、業種の分散も効いています。成長性の高い銘柄と高配当銘柄がブレンドされており、全体的にクオリティの高い企業が並んでいます。非常に考え抜かれたポートフォリオです。

あえてつけ加えるなら、大きく成長して数倍から数十倍になるような小型株を入れても良いかもしれませんが、長期投資ならこのポートフォリオで十分

www9945氏のポートフォリオ

「攻めのPF」に妙味

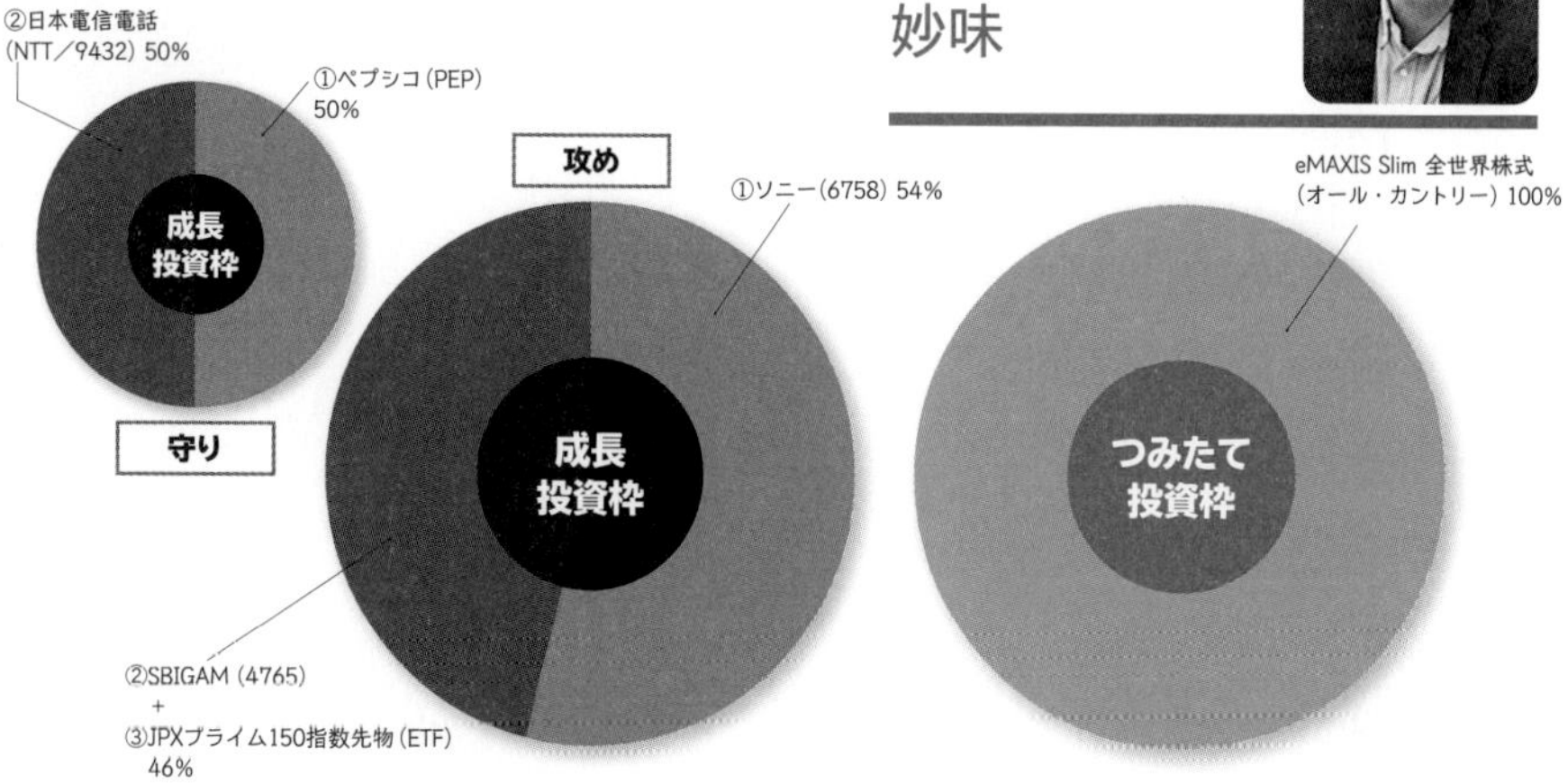

でしょう。

www9945氏のポートフォリオ

2つのポートフォリオのうち、「守りのポートフォリオ」はしっかりバランスが取れ、全世代向けで失敗する可能性が少ない構成になっています。

つみたて投資枠は全世界株式インデックスファンド（オルカン）一択、成長投資枠は米国の堅実な消費関連株（ペプシコ）と日本の堅実な通信株（NTT）に均等投資という、非常に安定かつ明快なポートフォリオです。

国内外のバランスも取れています。ただ、成長投資枠のほうが2銘柄なので、国内外、成長・割安の4銘柄くらいに分散しても良いと思います。NTTやペプシコは安定成長が見込めますが、消費銘柄でも大規模ディスカウントストアのコストコ・ホールセール（COST）や、米国最大のホームセンターであるホーム・デポ（HD）など、より成長性の高

さとりん氏のポートフォリオ

99%の
個人投資家に
最適！

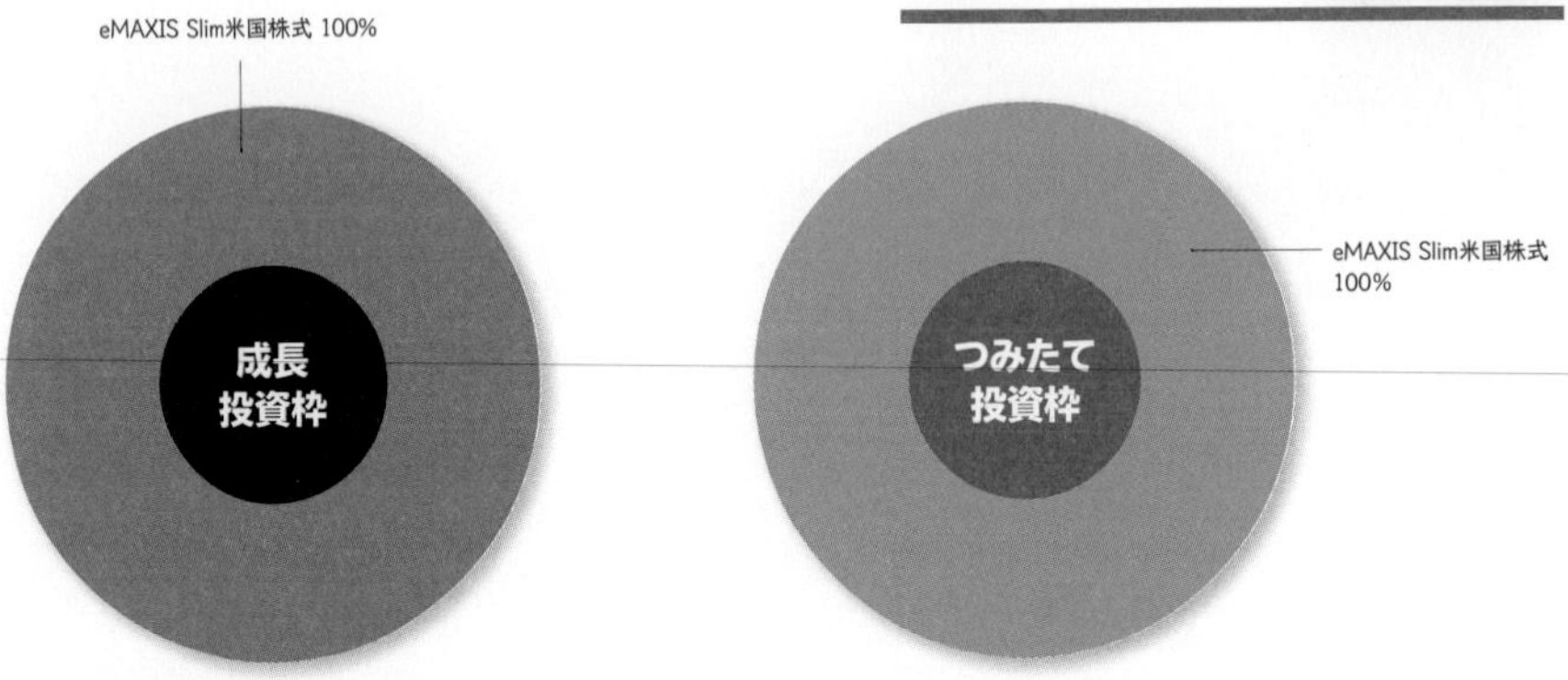

い銘柄に目を向けてみてもいいでしょう。

「攻めのポートフォリオ」のほうはとても良いと思います。成長投資枠ではソニーとＳＢＩグローバルアセット、加えて近日中の商品化が予想されるＪＰＸプライム１５０指数連動ファンドを購入。一見、攻めているように見えますが、実際にはリスクはさほど大きくありません。

ソニーは高度に多角化されており、収益源を多く持っています。ＪＰＸプライム１５０指数は収益力が高く成長が見込める銘柄で構成される指数で、幅広い分散投資が可能です。ＳＢＩグローバルアセットはスパイス的な役割で、小型株の爆発を狙っての味つけでしょう。将来の大化け銘柄を少額潜ませておくのは、プロっぽい手法です。

さとりん氏のポートフォリオ

米国株式一本に投資ということで、これは非常に良いですね！

Akito氏のポートフォリオ

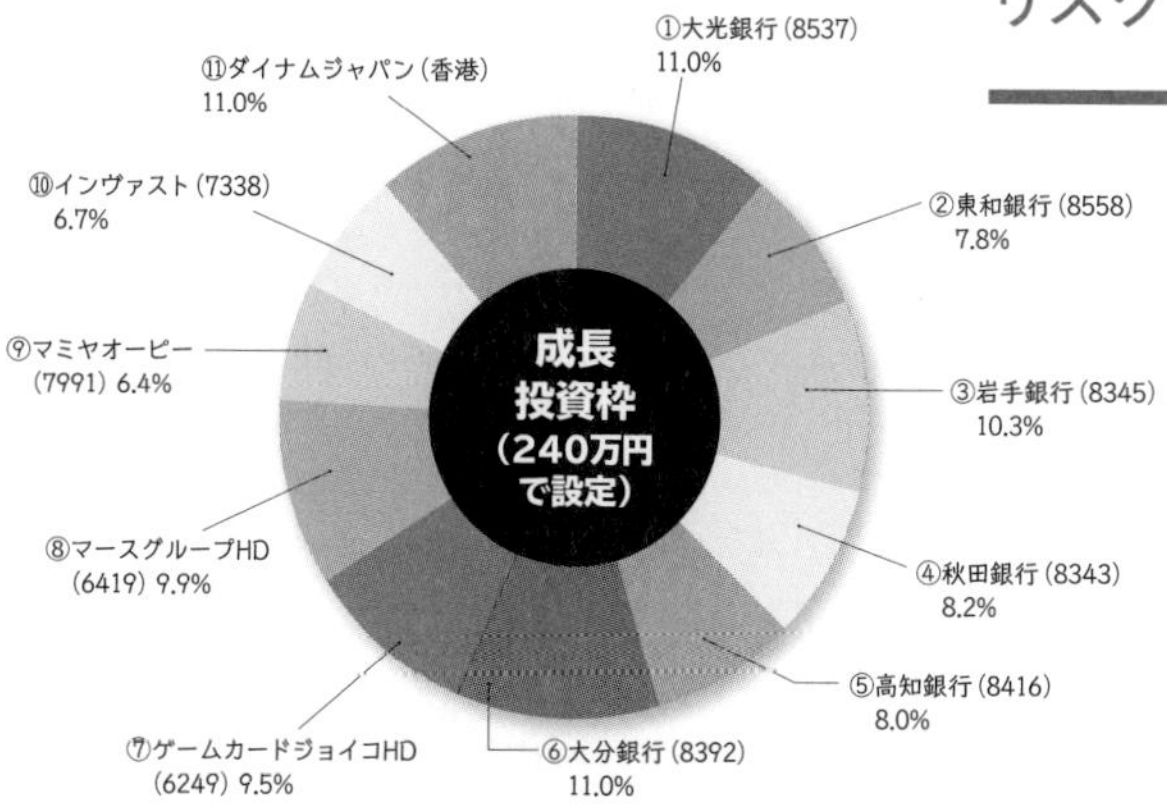

個別株投資で頭をひねるのも悪くはないですが、失敗なく成長性の高いポートフォリオを持てる、このポートフォリオが新NISAではベストかもしれません。

実際のところ、個別株投資は頑張れば必ず儲かるというものでもありません。株のことがよくわかっている人、株が大好きな人以外で、着実に資産形成をしたい99%の個人投資家には最適なポートフォリオだといえるでしょう。

Akito氏のポートフォリオ

地方銀行株・遊技機（パチンコ・パチスロ）関連株はともに低PBR・高配当利回りの業種で、完全な割安株ポートフォリオになっています。11銘柄で構成され、銘柄固有のリスクを分散できている点は良いと思います。ただ、割安株に偏っているため、セクターがはらむリスクや、金利・経済動向などシステミックなリスクへのヘッジは弱いでしょう。

割安株投資はインデックス投資や成長株投資に比べて、金利上昇局面で強みを発揮します。金利正常化の予想が語られ始めている点は追い風といえますが、逆に正常化が起こらない場合には、うまくいかない可能性が出てきます。また、どちらのセクターも近年はビジネスが沈滞ムードに包まれており、将来性に乏しいがゆえ、赤字でもないのに株価はかなりの割安になっています。地銀と遊技機メーカーは、お堅い金融機関とギャンブル関連で、一見全く状況が違うように見えますが、実はどちらも規制産業、つまり法律が少し書き換わるだけで、事業がいかようにも左右されてしまうリスクをはらんだセクターです。また、香港上場の日本企業が入っていますが、分散投資の観点からすると、海外株を入れたほうが良いと思います。

成長性はないものの、当面の高配当は享受できそうなので、70歳以上で、ある程度株式投資の経験がある投資家には参考になると思います。一方で「マニアックな」セクターで固めてあるため、買い増しや損切りなどのメンテナンスをするにも知識が必要となります。新NISAから投資を始めるような初心者には少々難度の高いポートフォリオだと思います。

ゆうと氏のポートフォリオ

日本精機、青山商事、中国塗料の3銘柄で構成されています。配当利回りが平均で4％に迫る高配当ポートフォリオで、割安株に特化しています。ポートフォリオのPBRは0・5倍という低さで、ある意味「攻めすぎなくらい攻めてるな」とも思わせる顔ぶれです。割安株投資への強いこだわりを感じさせてくれます。数年は着実に高い配当収入を得られるため、高齢者

ゆうと氏のポートフォリオ

結構攻めてる？ベテラン向けか

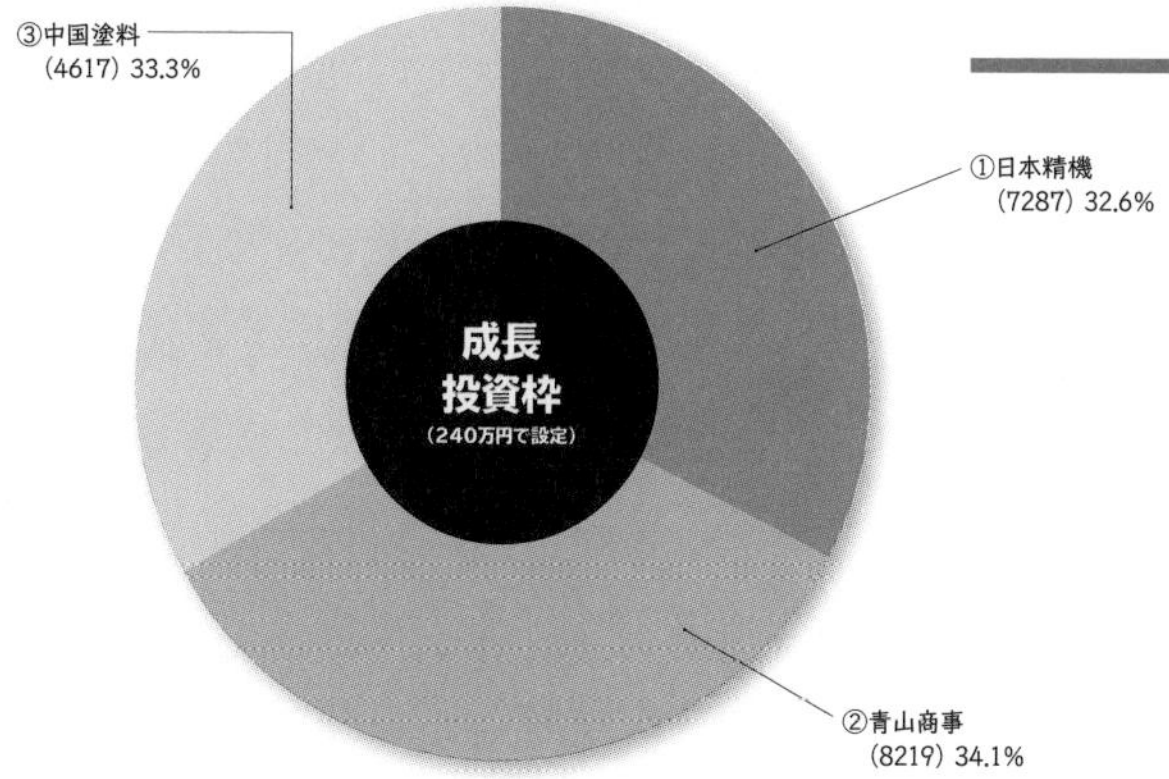

に向いたポートフォリオになっています。

ＮＩＳＡは売買差損の損益通算ができない点から、まずは損失を抑えるために下値があまりない銘柄群に分散しつつ、かつ株価が上昇するきっかけ（カタリスト）を内包したものを選別しているとの裏づけがあり、投資に慣れた銘柄選択だと思います。ただし、初心者は、こうした割安株銘柄を選ぶ際には注意が必要です。

低ＰＢＲ銘柄で固めてセクターを分散させ、下値抵抗力を持たせたポートフォリオにしても、例えばＰＢＲ０・８倍の銘柄がさらにＰＢＲ０・４倍、つまり半分の株価になる可能性がないわけではありません。低ＰＢＲ銘柄は、事業の成長性や永続性に疑問符がついているがゆえに割安になっているともいえ、その点は十分に注意して投資する必要があるでしょう。

もし初心者～中級者が割安株ポートフォリオにす

トミィ氏のポートフォリオ

安定配当狙いで高齢者向け

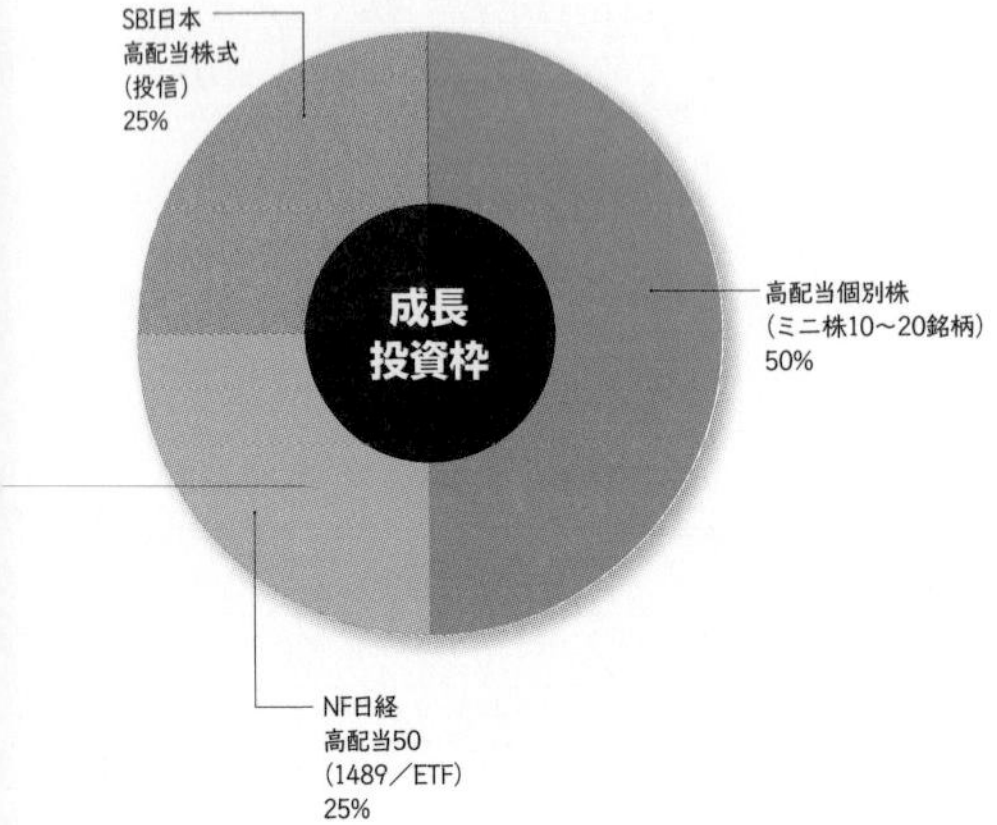

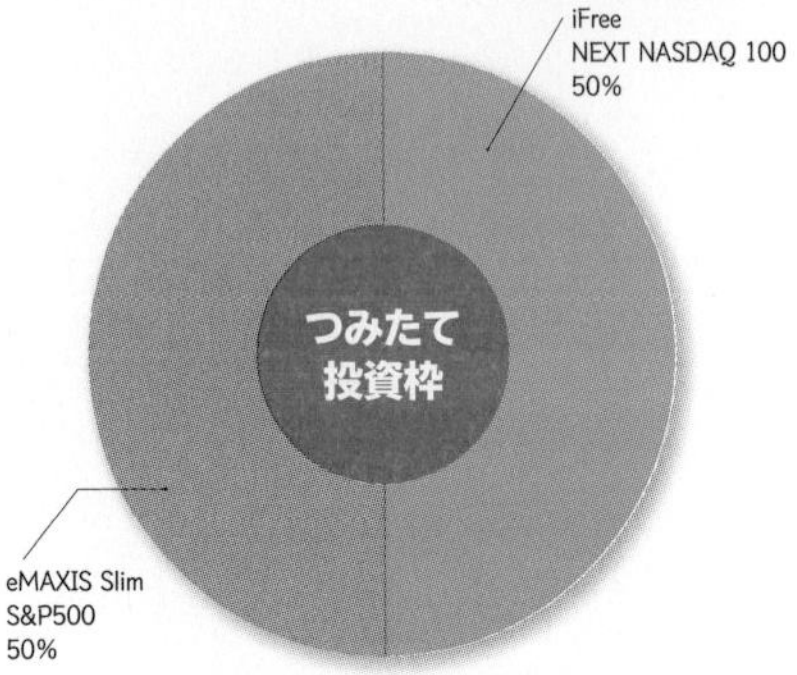

る場合、小型株に集中せず、成長性があり収益性・財務健全性ともに優良な高クオリティ企業を入れたほうが良いと思います。

一時的に経済ショックのダメージを受けたとしても、投資家がむざむざと潰させはしません。政府の支援を得られたり、巨大投資家からの援助を受けたりして、ほとんどは数年で立ち直ります。株価が暴落すれば個人を含めた投資家が買いに入り、一生懸命下値を支えてくれます。

トミィ氏のポートフォリオ

つみたて投資枠は米国株に特化し、Ｓ＆Ｐ５００とナスダック１００に連動するファンドを半分ずつ。成長投資枠では日本株に特化し、高配当個別株と高配当ＥＴＦで半々というポートフォリオになっています。高配当ＥＴＦの中身は、成長性より安定配当を狙った高齢者向けポートフォリオだといえます。

新ＮＩＳＡでにわかに高配当株が脚光を浴びてい

ごはん氏のポートフォリオ

生活密着銘柄に好感

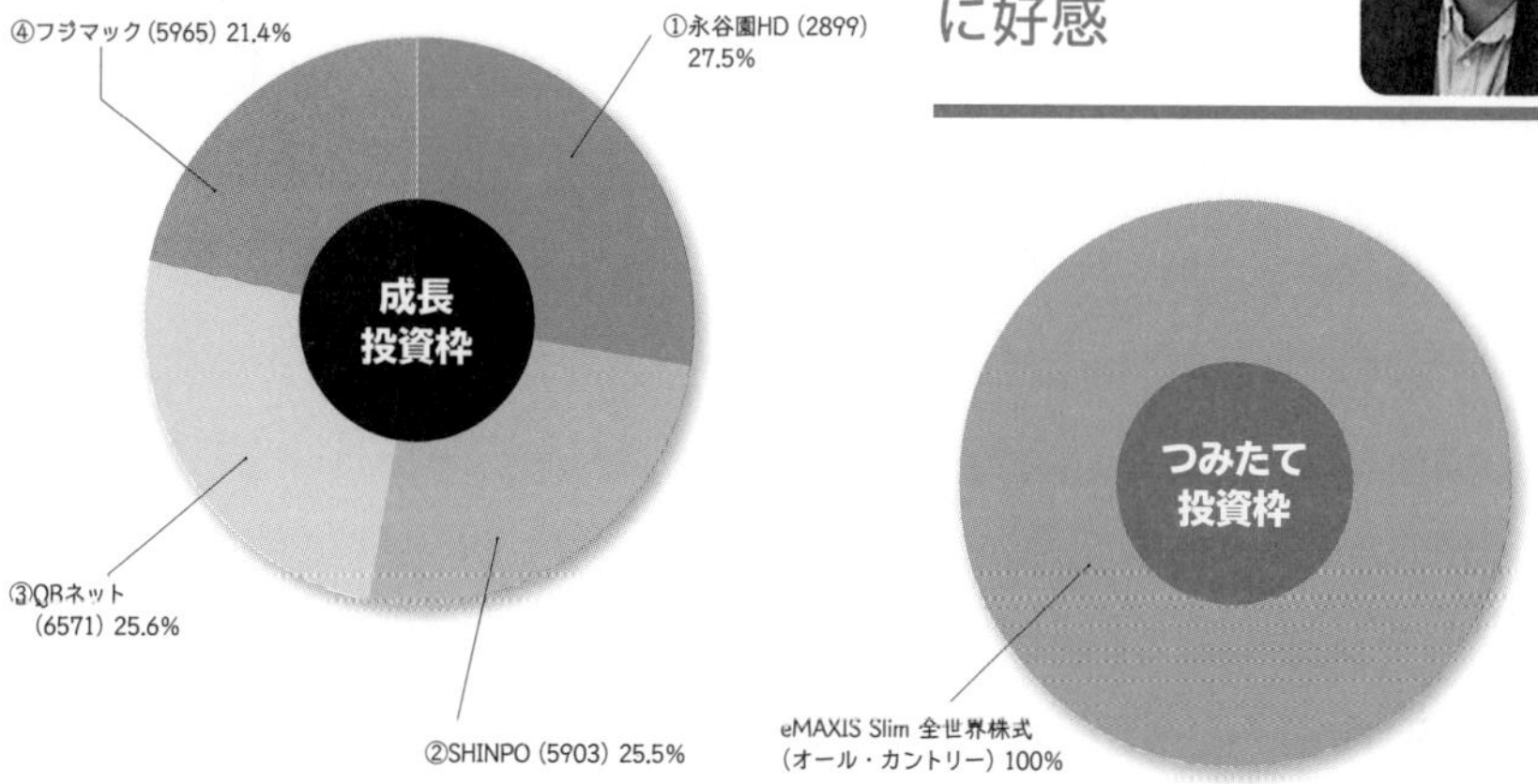

ますが、期限のない新ＮＩＳＡで、かつ非課税メリットを存分に生かすなら、やはり株式投資の正道ともいうべき、成長性の高い銘柄も選んでみたいところです。成長株なら株価が5倍、6倍に成長することも珍しくありません。

　ただし、そういう銘柄を探し出すには経験や知識も必要ですので、このポートフォリオのように、ミニ株を組み込んでいくアイデアは面白いと思います。

ごはん氏のポートフォリオ

　成長投資枠は永谷園ＨＤ、ＳＨＩＮＰＯ、ＱＢネット、フジマックの４銘柄で構成されており、ビジネスが理解しやすい生活密着銘柄で固めている点はとても良いと思います。「台所ポートフォリオ」という言い方がありますが、それと考え方は共通しています。個別の４銘柄はいずれも内需株、低ＰＢＲ・ＰＥＲ、高配当利回りという特徴があります。どれもビジネスは手堅く、この先も安定的に利益を積

とりでみなみ氏のポートフォリオ

優良銘柄ぞろいで隙がない

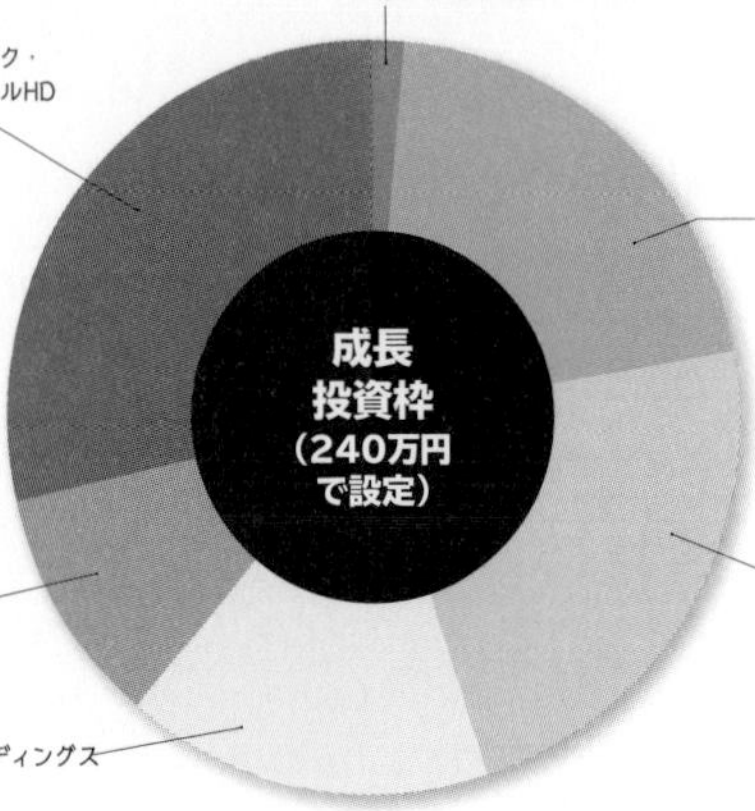

み上げていけそうです。安定割安株投資という意味では高齢者向けですが、ビジネスが明快な企業ぞろいなので、初心者にも勧められるポートフォリオです。成長性をつみたて投資枠のオルカンで補っている点も好感が持てます。

とりでみなみ氏のポートフォリオ

ＮＴＴ、東京エレクトロンデバイス、信越化学、東京海上ＨＤ、良品計画、パン・パシフィック・インターナショナルＨＤの６銘柄で構成されています。内需と外需のバランスが取れており、時価総額が比較的小さい東京エレクトロンデバイスを加えて成長性も確保しています。

ＮＴＴや東京海上は高配当で、成長性と割安さのバランスも取れています。全体的に優良な銘柄でそろえており、隙のない良いポートフォリオです。つけ加える点はありません。

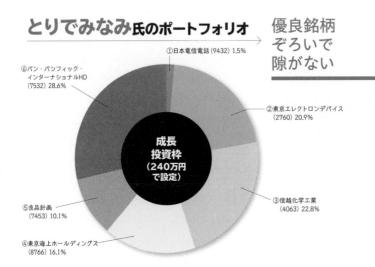

営業利益率・ROE・ROAを重視、迷ったらインデックス投資でOK

新NISAの非課税投資が無期限でできるメリットを最大限受けるには、長期目線で銘柄を選んだほうが良いと思います。少なくとも営業利益率、ROE、ROAのそれぞれが2ケタ以上は必要です。例えば営業利益率が20％を超えるような銘柄は、暗に競争相手の少ない事業環境を想像させます。寡占あるいは独占に近いからこそ、強気の値づけができ水準以上の利益を得られるわけです。そして斜陽にあえぐ日本ですら、時価総額上位100社の平均を取れば10％程度増収しています。増収増益の優良成長企業に投資することは決して難しくありません。

銘柄を選別して自前でポートフォリオを組んでも良いのですが、オルカンやS＆P500、ナスダック100などの指数に連動するインデックスファンドを利用すれば分散され、成長性のあるポートフォリオに手間なしで投資できます。迷ったらインデックス投資で十分ですし、つみたて投資枠でインデックス投資をして資産形成のベースを作ることは投資の王道です。

個別株投資では、インドなど新興国の経済成長で恩恵を受け、じわじわと着実に伸びていく分野を意識すると良いでしょう。例えば空調施設などで、国内企業のダイキン工業は世界でもトップの技術力と販売力を持つグローバル企業です。皆さんが本書に掲載されているポートフォリオを参考にして、自分なりの最適ポートフォリオを見つけ出す手助けになれば幸いです。

NISA「つみたて投資枠」投資信託リスト

金融庁の条件を満たしたNISA「つみたて投資枠」の対象商品届け出一覧（運用会社別）から261本の商品をご紹介します（2023年11月22日現在）

【指定インデックス投資信託：214本】

ファンド名称（※1）	運用会社
auスマート・ベーシック（安定）	auアセットマネジメント㈱
auスマート・ベーシック（安定成長）	auアセットマネジメント㈱
JP4資産均等バランス	JP投信㈱
PayPay投資信託インデックス アメリカ株式	PayPayアセットマネジメント㈱
PayPay投資信託インデックス 世界株式	PayPayアセットマネジメント㈱
PayPay投資信託インデックス 先進国株式	PayPayアセットマネジメント㈱
PayPay投信 日経225インデックス	PayPayアセットマネジメント㈱
SBI・全世界株式インデックス・ファンド	SBIアセットマネジメント㈱
SBI・新興国株式インデックス・ファンド	SBIアセットマネジメント㈱
SBI・先進国株式インデックス・ファンド	SBIアセットマネジメント㈱
SBI・iシェアーズ・TOPIXインデックス・ファンド	SBIアセットマネジメント㈱
SBI・iシェアーズ・日経225インデックス・ファンド	SBIアセットマネジメント㈱
SBI・V・S&P500インデックス・ファンド	SBIアセットマネジメント㈱
SBI・V・全世界株式インデックス・ファンド	SBIアセットマネジメント㈱
SBI・V・全米株式インデックス・ファンド	SBIアセットマネジメント㈱
日本株式・Jリートバランスファンド	SBI岡三アセットマネジメント㈱
グローバル株式インデックス・ポートフォリオ（M）	sustenキャピタル・マネジメント㈱
朝日ライフ 日経平均ファンド	朝日ライフ アセットマネジメント㈱
たわらノーロード　S&P500	アセットマネジメントOne㈱
たわらノーロード　TOPIX	アセットマネジメントOne㈱
たわらノーロード　最適化バランス（安定型）	アセットマネジメントOne㈱
たわらノーロード　最適化バランス（安定成長型）	アセットマネジメントOne㈱
たわらノーロード　最適化バランス（成長型）	アセットマネジメントOne㈱
たわらノーロード　最適化バランス（積極型）	アセットマネジメントOne㈱
たわらノーロード　最適化バランス（保守型）	アセットマネジメントOne㈱
たわらノーロード　新興国株式	アセットマネジメントOne㈱
たわらノーロード　先進国株式	アセットマネジメントOne㈱
たわらノーロード　先進国株式＜為替ヘッジあり＞	アセットマネジメントOne㈱
たわらノーロード　日経225	アセットマネジメントOne㈱
たわらノーロード　バランス（8資産均等型）	アセットマネジメントOne㈱
たわらノーロード　バランス（堅実型）	アセットマネジメントOne㈱
たわらノーロード　バランス（積極型）	アセットマネジメントOne㈱
たわらノーロード　バランス（標準型）	アセットマネジメントOne㈱
たわらノーロード　全世界株式	アセットマネジメントOne㈱

ファンド名称（※1）	運用会社
しんきんノーロード日経225	しんきんアセットマネジメント投信㈱
グローバル株式ファンド	スカイオーシャン・アセットマネジメント㈱
全世界株式インデックス・ファンド	ステート・ストリート・グローバル・アドバイザーズ㈱
米国株式インデックス・ファンド	ステート・ストリート・グローバル・アドバイザーズ㈱
iFree 8資産バランス	大和アセットマネジメント㈱
iFree JPX日経400インデックス	大和アセットマネジメント㈱
iFree S&P500インデックス	大和アセットマネジメント㈱
iFree TOPIXインデックス	大和アセットマネジメント㈱
iFree 外国株式インデックス（為替ヘッジあり）	大和アセットマネジメント㈱
iFree 外国株式インデックス（為替ヘッジなし）	大和アセットマネジメント㈱
iFree 新興国株式インデックス	大和アセットマネジメント㈱
iFree 日経225インデックス	大和アセットマネジメント㈱
ダイワ・ライフ・バランス30	大和アセットマネジメント㈱
ダイワ・ライフ・バランス50	大和アセットマネジメント㈱
ダイワ・ライフ・バランス70	大和アセットマネジメント㈱
つみたて日経225インデックスファンド	中銀アセットマネジメント㈱
ドイチェ・ETFバランス・ファンド	ドイチェ・アセット・マネジメント㈱
東京海上・円資産インデックスバランスファンド	東京海上アセットマネジメント㈱
東京海上セレクション・外国株式インデックス	東京海上アセットマネジメント㈱
東京海上セレクション・日本株ＴＯＰＩＸ	東京海上アセットマネジメント㈱
東京海上ターゲット・イヤー・ファンド2035	東京海上アセットマネジメント㈱
東京海上ターゲット・イヤー・ファンド2045	東京海上アセットマネジメント㈱
東京海上ターゲット・イヤー・ファンド2055	東京海上アセットマネジメント㈱
東京海上ターゲット・イヤー・ファンド2065	東京海上アセットマネジメント㈱
東京海上・日経225インデックスファンド	東京海上アセットマネジメント㈱
Niつみインデックスラップ世界10指数（安定成長型）	日興アセットマネジメント㈱
Niつみインデックスラップ世界10指数（均等型）	日興アセットマネジメント㈱
Tracers MSCI オール・カントリー・インデックス（全世界株式）	日興アセットマネジメント㈱
Tracers グローバル3分法（おとなのバランス）	日興アセットマネジメント㈱
<購入・換金手数料なし>ニッセイ・インデックスバランスファンド（4資産均等型）	ニッセイアセットマネジメント㈱
<購入・換金手数料なし>ニッセイ・インデックスバランスファンド（6資産均等型）	ニッセイアセットマネジメント㈱
<購入・換金手数料なし>ニッセイJPX日経400インデックスファンド	ニッセイアセットマネジメント㈱
<購入・換金手数料なし>ニッセイTOPIXインデックスファンド	ニッセイアセットマネジメント㈱
<購入・換金手数料なし>ニッセイ外国株式インデックスファンド	ニッセイアセットマネジメント㈱
<購入・換金手数料なし>ニッセイ新興国株式インデックスファンド	ニッセイアセットマネジメント㈱
<購入・換金手数料なし>ニッセイ世界株式ファンド（GDP型バスケット）	ニッセイアセットマネジメント㈱
<購入・換金手数料なし>ニッセイ日経平均インデックスファンド	ニッセイアセットマネジメント㈱
ＤＣニッセイ全世界株式インデックスコレクト	ニッセイアセットマネジメント㈱
DCニッセイワールドセレクトファンド（安定型）	ニッセイアセットマネジメント㈱
DCニッセイワールドセレクトファンド（株式重視型）	ニッセイアセットマネジメント㈱
DCニッセイワールドセレクトファンド（債券重視型）	ニッセイアセットマネジメント㈱
DCニッセイワールドセレクトファンド（標準型）	ニッセイアセットマネジメント㈱
ニッセイ・インデックスパッケージ（国内・株式／リート／債券）	ニッセイアセットマネジメント㈱
ニッセイ・インデックスパッケージ（内外・株式）	ニッセイアセットマネジメント㈱
ニッセイ・インデックスパッケージ（内外・株式／リート）	ニッセイアセットマネジメント㈱
ニッセイ・インデックスパッケージ（内外・株式／リート／債券）	ニッセイアセットマネジメント㈱
ニッセイTOPIXオープン	ニッセイアセットマネジメント㈱
ニッセイ日経225インデックスファンド	ニッセイアセットマネジメント㈱

ファンド名称（※1）	運用会社
農林中金<パートナーズ>つみたてNISA日本株式 日経225	農林中金全共連アセットマネジメント㈱
農林中金<パートナーズ>つみたてNISA米国株式 S&P500	農林中金全共連アセットマネジメント㈱
NZAM・ベータ　S&P500	農林中金全共連アセットマネジメント㈱
NZAM・ベータ　日経225	農林中金全共連アセットマネジメント㈱
NZAM・ベータ　先進国株式	農林中金全共連アセットマネジメント㈱
NZAM・ベータ　日本2資産（株式+REIT）	農林中金全共連アセットマネジメント㈱
NZAM・ベータ　米国2資産（株式+REIT）	農林中金全共連アセットマネジメント㈱
NZAM・ベータ　先進国2資産（株式+REIT）	農林中金全共連アセットマネジメント㈱
世界6資産分散ファンド	野村アセットマネジメント㈱
野村6資産均等バランス	野村アセットマネジメント㈱
野村インデックスファンド・JPX日経400	野村アセットマネジメント㈱
野村インデックスファンド・TOPIX	野村アセットマネジメント㈱
野村インデックスファンド・海外5資産バランス	野村アセットマネジメント㈱
野村インデックスファンド・外国株式	野村アセットマネジメント㈱
野村インデックスファンド・外国株式・為替ヘッジ型	野村アセットマネジメント㈱
野村インデックスファンド・新興国株式	野村アセットマネジメント㈱
野村インデックスファンド・内外7資産バランス・為替ヘッジ型	野村アセットマネジメント㈱
野村インデックスファンド・日経225	野村アセットマネジメント㈱
野村つみたて外国株投信	野村アセットマネジメント㈱
野村つみたて日本株投信	野村アセットマネジメント㈱
野村資産設計ファンド（DC・つみたてNISA）2030	野村アセットマネジメント㈱
野村資産設計ファンド（DC・つみたてNISA）2040	野村アセットマネジメント㈱
野村資産設計ファンド（DC・つみたてNISA）2050	野村アセットマネジメント㈱
野村資産設計ファンド（DC・つみたてNISA）2060	野村アセットマネジメント㈱
野村スリーゼロ先進国株式投信	野村アセットマネジメント㈱
はじめてのNISA・新興国株式インデックス	野村アセットマネジメント㈱
はじめてのNISA・全世界株式インデックス（オール・カントリー）	野村アセットマネジメント㈱
はじめてのNISA・日本株式インデックス（TOPIX）	野村アセットマネジメント㈱
はじめてのNISA・日本株式インデックス（日経225）	野村アセットマネジメント㈱
はじめてのNISA・米国株式インデックス（S&P500）	野村アセットマネジメント㈱
フィデリティ・ターゲット・デート・ファンド（ベーシック）2040	フィデリティ投信㈱
フィデリティ・ターゲット・デート・ファンド（ベーシック）2045	フィデリティ投信㈱
フィデリティ・ターゲット・デート・ファンド（ベーシック）2050	フィデリティ投信㈱
フィデリティ・ターゲット・デート・ファンド（ベーシック）2055	フィデリティ投信㈱
フィデリティ・ターゲット・デート・ファンド（ベーシック）2060	フィデリティ投信㈱
フィデリティ・ターゲット・デート・ファンド（ベーシック）2065	フィデリティ投信㈱
フィデリティ・ターゲット・デート・ファンド（ベーシック）2070	フィデリティ投信㈱
ブラックロック・つみたて・グローバルバランスファンド	ブラックロック・ジャパン㈱
iシェアーズ　米国株式（S&P500）インデックス・ファンド	ブラックロック・ジャパン㈱
つみたてiシェアーズ　米国株式（S&P500）インデックス・ファンド	ブラックロック・ジャパン㈱
外国株式指数ファンド	三井住友DSアセットマネジメント㈱
三井住友・DC新興国株式インデックスファンド	三井住友DSアセットマネジメント㈱
三井住友・DCターゲットイヤーファンド2040（4資産タイプ）	三井住友DSアセットマネジメント㈱
三井住友・DCターゲットイヤーファンド2045（4資産タイプ）	三井住友DSアセットマネジメント㈱
三井住友・DCつみたてNISA・世界分散ファンド	三井住友DSアセットマネジメント㈱
三井住友・DCつみたてNISA・全海外株インデックスファンド	三井住友DSアセットマネジメント㈱
三井住友・DCつみたてNISA・日本株インデックスファンド	三井住友DSアセットマネジメント㈱
三井住友・DC年金バランス30（債券重点型）	三井住友DSアセットマネジメント㈱

ファンド名称（※1）	運用会社
三井住友・DC年金バランス50（標準型）	三井住友DSアセットマネジメント㈱
三井住友・DC年金バランス70（株式重点型）	三井住友DSアセットマネジメント㈱
SMBC・DCインデックスファンド（S&P500）	三井住友DSアセットマネジメント㈱
SMBC・DCインデックスファンド（MSCIコクサイ）	三井住友DSアセットマネジメント㈱
SMBC・DCインデックスファンド（日経225）	三井住友DSアセットマネジメント㈱
Ｍｙ　ＳＭＴ Ｓ＆Ｐ５００インデックス（ノーロード）	三井住友トラスト・アセットマネジメント㈱
Ｍｙ　ＳＭＴ ＴＯＰＩＸインデックス（ノーロード）	三井住友トラスト・アセットマネジメント㈱
Ｍｙ　ＳＭＴ グローバル株式インデックス（ノーロード）	三井住友トラスト・アセットマネジメント㈱
Ｍｙ　ＳＭＴ 新興国株式インデックス（ノーロード）	三井住友トラスト・アセットマネジメント㈱
Ｍｙ　ＳＭＴ 日経225インデックス（ノーロード）	三井住友トラスト・アセットマネジメント㈱
SBI資産設計オープン（つみたてNISA対応型）	三井住友トラスト・アセットマネジメント㈱
SMT　8資産インデックスバランス・オープン	三井住友トラスト・アセットマネジメント㈱
SMT　JPX日経インデックス400・オープン	三井住友トラスト・アセットマネジメント㈱
SMT　TOPIXインデックス・オープン	三井住友トラスト・アセットマネジメント㈱
SMT　グローバル株式インデックス・オープン	三井住友トラスト・アセットマネジメント㈱
SMT　新興国株式インデックス・オープン	三井住友トラスト・アセットマネジメント㈱
SMT　世界経済インデックス・オープン	三井住友トラスト・アセットマネジメント㈱
SMT　世界経済インデックス・オープン（株式シフト型）	三井住友トラスト・アセットマネジメント㈱
SMT　世界経済インデックス・オープン（債券シフト型）	三井住友トラスト・アセットマネジメント㈱
SMT　日経225インデックス・オープン	三井住友トラスト・アセットマネジメント㈱
eMAXIS JPX日経400インデックス	三菱ＵＦＪアセットマネジメント㈱
eMAXIS Slim 米国株式（S&P500）	三菱ＵＦＪアセットマネジメント㈱
eMAXIS Slim 国内株式（TOPIX）	三菱ＵＦＪアセットマネジメント㈱
eMAXIS Slim 国内株式（日経平均）	三菱ＵＦＪアセットマネジメント㈱
eMAXIS Slim 新興国株式インデックス	三菱ＵＦＪアセットマネジメント㈱
eMAXIS Slim 先進国株式インデックス	三菱ＵＦＪアセットマネジメント㈱
eMAXIS Slim 全世界株式（3地域均等型）	三菱ＵＦＪアセットマネジメント㈱
eMAXIS Slim 全世界株式（除く日本）	三菱ＵＦＪアセットマネジメント㈱
eMAXIS Slim 全世界株式（オール・カントリー）	三菱ＵＦＪアセットマネジメント㈱
eMAXIS Slim バランス（8資産均等型）	三菱ＵＦＪアセットマネジメント㈱
eMAXIS S&P500インデックス※2	三菱ＵＦＪアセットマネジメント㈱
eMAXIS TOPIXインデックス	三菱ＵＦＪアセットマネジメント㈱
eMAXIS 最適化バランス（マイ　ゴールキーパー）	三菱ＵＦＪアセットマネジメント㈱
eMAXIS 最適化バランス（マイ　ストライカー）	三菱ＵＦＪアセットマネジメント㈱
eMAXIS 最適化バランス（マイ　ディフェンダー）	三菱ＵＦＪアセットマネジメント㈱
eMAXIS 最適化バランス（マイ　フォワード）	三菱ＵＦＪアセットマネジメント㈱
eMAXIS 最適化バランス（マイ　ミッドフィルダー）	三菱ＵＦＪアセットマネジメント㈱
eMAXIS 新興国株式インデックス	三菱ＵＦＪアセットマネジメント㈱
eMAXIS 先進国株式インデックス	三菱ＵＦＪアセットマネジメント㈱
eMAXIS 全世界株式インデックス	三菱ＵＦＪアセットマネジメント㈱
eMAXIS 日経225インデックス	三菱ＵＦＪアセットマネジメント㈱
eMAXIS バランス（4資産均等型）	三菱ＵＦＪアセットマネジメント㈱
eMAXIS バランス（8資産均等型）	三菱ＵＦＪアセットマネジメント㈱
eMAXIS マイマネージャー　1970s	三菱ＵＦＪアセットマネジメント㈱
eMAXIS マイマネージャー　1980s	三菱ＵＦＪアセットマネジメント㈱
eMAXIS マイマネージャー　1990s	三菱ＵＦＪアセットマネジメント㈱
つみたて4資産均等バランス	三菱ＵＦＪアセットマネジメント㈱
つみたて8資産均等バランス	三菱ＵＦＪアセットマネジメント㈱

ファンド名称（※1）	運用会社
つみたて新興国株式	三菱ＵＦＪアセットマネジメント㈱
つみたて先進国株式	三菱ＵＦＪアセットマネジメント㈱
つみたて先進国株式（為替ヘッジあり）	三菱ＵＦＪアセットマネジメント㈱
つみたて米国株式（S&P500）	三菱ＵＦＪアセットマネジメント㈱
つみたて日本株式（TOPIX）	三菱ＵＦＪアセットマネジメント㈱
つみたて日本株式（日経平均）	三菱ＵＦＪアセットマネジメント㈱
つみたて全世界株式	三菱ＵＦＪアセットマネジメント㈱
楽天・インデックス・バランス・ファンド（株式重視型）	楽天投信投資顧問㈱
楽天・インデックス・バランス・ファンド（均等型）	楽天投信投資顧問㈱
楽天・インデックス・バランス・ファンド（債券重視型）	楽天投信投資顧問㈱
楽天・Ｓ＆Ｐ５００インデックス・ファンド	楽天投信投資顧問㈱
楽天・オールカントリー株式インデックス・ファンド	楽天投信投資顧問㈱
楽天・全世界株式インデックス・ファンド	楽天投信投資顧問㈱
楽天・全世界株式（除く米国）インデックス・ファンド	楽天投信投資顧問㈱
楽天・全米株式インデックス・ファンド	楽天投信投資顧問㈱
楽天・資産づくりファンド（がっちりコース）	楽天投信投資顧問㈱
楽天・資産づくりファンド（しっかりコース）	楽天投信投資顧問㈱
楽天・資産づくりファンド（じっくりコース）	楽天投信投資顧問㈱
楽天・資産づくりファンド（なかなかコース）	楽天投信投資顧問㈱
楽天・資産づくりファンド（のんびりコース）	楽天投信投資顧問㈱
Smart-i　８資産バランス　安定型	りそなアセットマネジメント㈱
Smart-i　８資産バランス　安定成長型	りそなアセットマネジメント㈱
Smart-i　８資産バランス　成長型	りそなアセットマネジメント㈱
Ｓｍａｒｔ－ｉ　Ｓｅｌｅｃｔ　全世界株式インデックス	りそなアセットマネジメント㈱
Ｓｍａｒｔ－ｉ　Ｓｅｌｅｃｔ　全世界株式インデックス（除く日本）	りそなアセットマネジメント㈱
Smart-i　S&P500インデックス	りそなアセットマネジメント㈱
Smart-i TOPIXインデックス	りそなアセットマネジメント㈱
Smart-i 日経225インデックス	りそなアセットマネジメント㈱
Smart-i 新興国株式インデックス	りそなアセットマネジメント㈱
Smart-i 先進国株式インデックス	りそなアセットマネジメント㈱
ターゲットリターンバランスファンド（目標２％）	りそなアセットマネジメント㈱
ターゲットリターンバランスファンド（目標３％）	りそなアセットマネジメント㈱
ターゲットリターンバランスファンド（目標４％）	りそなアセットマネジメント㈱
ターゲットリターンバランスファンド（目標５％）	りそなアセットマネジメント㈱
ターゲットリターンバランスファンド（目標６％）	りそなアセットマネジメント㈱
つみたてバランスファンド	りそなアセットマネジメント㈱

【指定インデックス投資信託以外の投資信託（アクティブ運用投資信託等）：39本】

ファンド名称（※1）	運用会社
アライアンス・バーンスタイン・グローバル・グロース・オポチュニティーズ（年金つみたて向け）	アライアンス・バーンスタイン㈱
ＨＳＢＣ ワールド・セレクション（成長コース）	ＨＳＢＣアセットマネジメント㈱
LOSA長期保有型国際分散インデックスファンド	PayPayアセットマネジメント㈱
EXE-i　グローバル中小型株式ファンド	SBIアセットマネジメント㈱
ハッピーエイジング20	SOMPOアセットマネジメント㈱
ハッピーエイジング30	SOMPOアセットマネジメント㈱
ハッピーエイジング40	SOMPOアセットマネジメント㈱
グローバル・ハイクオリティ成長株式ファンド（為替ヘッジなし）	アセットマネジメントOne㈱

ファンド名称（※1）	運用会社
たわらノーロード　NYダウ	アセットマネジメントOne㈱
結い 2101	鎌倉投信㈱
キャピタル世界株式ファンド（DC年金つみたて専用）	キャピタル・インターナショナル（株）
コモンズ30ファンド	コモンズ投信㈱
セゾン・グローバルバランスファンド	セゾン投信㈱
セゾン資産形成の達人ファンド	セゾン投信㈱
iFreeNEXT FANG+インデックス	大和アセットマネジメント㈱
iFreeNEXT NASDAQ100インデックス	大和アセットマネジメント㈱
ｉＦｒｅｅ NYダウ・インデックス	大和アセットマネジメント㈱
東京海上セレクション・バランス50	東京海上アセットマネジメント㈱
東京海上セレクション・バランス70	東京海上アセットマネジメント㈱
年金積立　Jグロース	日興アセットマネジメント㈱
ニッセイ日本株ファンド	ニッセイアセットマネジメント㈱
農林中金＜パートナーズ＞長期厳選投資　おおぶね	農林中金全共連アセットマネジメント㈱
のむラップ・ファンド（積極型）	野村アセットマネジメント㈱
野村インデックスファンド・米国株式配当貴族	野村アセットマネジメント㈱
野村インデックスファンド・米国株式配当貴族・為替ヘッジ型	野村アセットマネジメント㈱
iTrustインド株式	ピクテ・ジャパン㈱
iTrust世界株式	ピクテ・ジャパン㈱
フィデリティ・欧州株・ファンド	フィデリティ投信㈱
フィデリティ・米国優良株・ファンド	フィデリティ投信㈱
ブラックロック・インデックス投資戦略ファンド	ブラックロック・ジャパン㈱
大和住銀DC国内株式ファンド	三井住友DSアセットマネジメント㈱
三井住友・NYダウ・ジョーンズ・インデックスファンド（為替ノーヘッジ型）	三井住友DSアセットマネジメント㈱
世界経済インデックスファンド	三井住友トラスト・アセットマネジメント㈱
eMAXIS NYダウインデックス	三菱UFJアセットマネジメント㈱
明治安田DC外国株式リサーチオープン（愛称：DCジェットストリーム）	明治安田アセットマネジメント㈱
楽天資産形成ファンド（愛称：楽天525）	明治安田アセットマネジメント㈱
楽天・米国高配当株式インデックス・ファンド	楽天投信投資顧問㈱
ひふみ投信	レオス・キャピタルワークス㈱
ひふみプラス	レオス・キャピタルワークス㈱

【上場株式投資信託（ETF）：8本】

ファンド名称（※1）	運用会社
iシェアーズ・コア S&P 500 ETF	ブラックロック・ファンド・アドバイザーズ
iFreeETF JPX 日経400	大和アセットマネジメント㈱
iFreeETF TOPIX（年1回決算型）	大和アセットマネジメント㈱
iFreeETF 日経225（年1回決算型）	大和アセットマネジメント㈱
上場インデックスファンド米国株式（S&P500）	日興アセットマネジメント㈱
上場インデックスファンド世界株式（MSCI ACWI）除く日本	日興アセットマネジメント㈱
上場インデックスファンド海外先進国株式（MSCI-KOKUSAI）	日興アセットマネジメント㈱
上場インデックスファンド海外新興国株式（MSCIエマージング）	日興アセットマネジメント㈱

※1　ファンド名称は、運用会社の五十音順で表示している。
※2　11月22日、eMAXIS S&P500インデックスを追加。

億り人が教えます！
新NISAで儲けるための株の買い方、売り方

2024年2月9日　第1刷発行

著　者　中野晴啓／山本 潤／桶井道／ごはん／さとりん／
トミィ／とりでみなみ／ゆうと／ Akito ／ www9945

発行人　蓮見清一
発行所　株式会社宝島社
〒102-8388　東京都千代田区一番町25番地
電話03-3234-4621（営業）　03-3239-0927（編集）
https://tkj.jp
印刷・製本　サンケイ総合印刷株式会社

Printed in Japan
ISBN 978-4-299-05035-9